U0075515

中國病人與美麗國度

中國病人與美麗國度
黃楊林◎著

目錄

73

第二章 權謀之道

163

第三章 經濟之道

第四章　精神之道

245

第五章　諸子的黃昏

自序

八十年代初的大陸農村似乎洋溢著吃飽穿暖的快樂。童年裡，母親帶著斗笠包著藍白條毛巾在水田間插秧。田如鏡，碧天白雲蒼鷺，彷彿也在水田裡。鳥兒飛在矮矮的秧苗之上，風裡有著青苗的味道。農忙時，我則拔狗尾巴草，揀紅紅小野莓，扯下蘆葦葉子折成小船，放在水田旁的溝渠裡。看著水流送走青青小船，拿起小土塊，扔向小船，不一會，它便沉入清澈水底。每個孩子的未來看似都是美好，每個孩子都是上天的恩賜。

筆者幼時便醉心古典，及至年長，汲汲西學。2002

年左右，「南方週末」的「冰點期刊」，刊登了林昭的一生事跡，這位北大的才女。從普羅米修斯的長詩，到她偉大的至死不渝的愛情；從那不懈追求真理的勇氣，到她英勇就義的那一刻；從那世界聞名的五分錢子彈費，到林昭最後呼叫天父的聲音，無不讓人潸然淚下。一個不會缺少物質的偉大女士，卻為了真理和真相犧牲在罪惡屠刀下，對我一生造成了巨大的衝擊。人活著的意義在哪裡？我們為何來到世界上？經歷過勞苦愁煩，時間便如煙散去。

想起了那年，一個縣城企業遇到了上方來的檢察人員。鎮庫房門口斑駁坑窪的半水泥半泥地的空地邊列了二、三十位鄉民。高矮胖瘦，老少中年，鬍鬚拉雜，拿著繩子的，豎著扁擔的，衣服看不出具體顏色，高低錯落在塗著「安全工作、平安回家」紅色掉漆的標語的背景牆前。大夥神情麻木，動作靜止，一切如塵埃般凝固之間，看著唯一有顏色生氣的西裝革履的那人穿行指點。口令一下，轉眼之間大家彷彿機器人得到了指令，紛紛爬上了各類物資搬弄清點。庫門口養了兩條狼狗，汪汪地狂吠，興奮地躍起到脖子上鏈條勒成痕跡。忙碌完畢之後，工友們蹲牆角，躺貨堆，現場又歸於死寂。人一旦被苦難壓傷，便連抬首望天的嘗試也不願。那些遠古的縴夫，衙役，鄉民，走卒，恍如隔世，又如天涯咫尺。

復旦大學畢業後，逐漸遊歷各國，考察風土人情，制度文化。中華民族歷來有勇於仗義執言的人，勇於救國圖存的人，勇於慷慨赴死的人。然而回望歷史，目視如今，大抵差強人意，百姓依舊艱苦無依。廣大民眾，往往偏聽偏信，將公義人士之生命填塞人血饅頭；歷來精華，能為友邦所發現，視若珍寶，也算幸事；百姓的後代又往往紀念這些受害的英雄，歷史的怪圈週而復始。

本書也從中國現象的背後，民族精神的本質，追溯中國怪現象之根源。柏楊所云：髒亂差，諺語所云：一人龍三人蟲，富不過三代。等等不一而足。邏輯的解剖，原理的分析，讓那些國人更加認識自己。

錢鐘書有云，既然雞蛋好吃，又何必認識生蛋的那只雞？作者其實無所謂是何人，只盼望拙作能夠投影出一些真實、真相和真理的雪泥鴻印。榮耀的是真理，我們只是搬運工。庶幾此書能成為他山之石，可以攻玉。

一方面，希望讓認知中國變得更加容易；另一方面，各地各方從我們歷史中汲取殷鑒；此外，各國富強繁榮幸福之秘訣也與諸君分享。當然有位長者提過，人類從歷史中獲得的教訓，就是人類從來不會從歷史中吸取什麼教訓。庶幾，讀者莞爾一笑，亦得償所願耳！

最後，也非常感謝能讓此書順利出版的海內外弟兄姊妹！

第一章

信仰的四個維度

只要我們口裡還有氣息，靈魂就會不斷面臨尋求人生意義的困境。而人生意義的主觀感受和客觀果效，又由我們所相信的標準決定。在按照我們相信的標準而行的時候，則產生我們生命的表徵，諸如文化、習俗、傳統、技術以及效率。與其說科學技術是第一生產力，毋庸說信仰靈魂是第一生產力的前提和基礎。由於我們的信仰決定我們的行為模式和合作模式，形成了我們利用外在資源以及協同同類的原則和方法，因而決定了我們外在生產力的不同形式。而信仰的維度，決定了我們行事的效率，也決定了我們行事的意義，有時也決定了我們行事的成功與否。

一. 信仰的維度

顯然這個世界的物質規律對任何信仰者而言，都具有高度的一致性。物理和化學規律在世界上任何一個國家通行無阻，獲得普遍的認可。空氣動力學使得英國的飛機上天，也送納粹德國的飛機上天。德國納粹會死亡，而英國戰爭英雄也終將死亡。在自然規律面前，人人平等。然而，我想討論的就是信仰方面的規律是否也如同自然規律那樣，具有客觀性，不以人的意志為轉移。我們探索、遵守自然規律是否也一樣存在我們探索、遵守信仰的規律。

蘇格拉底說過要認識自我。如果沒有認識自我，又何從知道自己從何而來，一生為何而活？存在的意義，永恆的價值在哪裡呢？如果人生的目標是不明確的，那麼再怎麼努力，也可能是南轅北轍的悲劇。人如何認識自己、定位自己？在於他的參照系或者說標準。或者說，人的定位在於自己的信仰體系。只有信仰能夠帶給人錨定的價值標準，使得自身的行為和成果獲得自己信仰體系的認可。而人生最痛苦就是自身信仰的崩塌，而自己一生曾為此努力。法國宗教改革家、神學家加爾文曾說，不認識上帝，人就無法認識自己。上帝（真理）即是加爾文的完美標準，上帝（真理）的一切屬性和要求，成為他一生的目標和標準，判定他的一言一行，評估他所有的成果，引導他向著目標前行。

華人佈道家、神學家唐崇榮牧師／博士曾評價東方文化的兩個層面，一個是人，一個是世界。西方世界三個層面，一個是人，一個是世界，一個是上帝（真理，或者古代所謂天道）。如果沒有真理的對照，我們將以某些人的思想意志作為所相信的真理（或標準）。但是人無完人，金無足赤，人的話語又不是真理的本體，所以各種潮流將人們湮沒，或者隨波逐流，或者半間不架（錢鐘書語）。放諸四海而准，歷之萬代彌新似乎只存於想像。而我們信仰的正確性程度（符合真理的程度）決定了我們人生的意義，我們事物的價值、我們生產的效率程度，以及我們信仰的恆久度。與其說實踐是檢驗真理的唯一標準；可以說時間也是檢驗真理的標準，真理具有永恆性，超越時間的價值；真理具有力量，越符合規律，力量或效率越高。

縱觀五千年的「封建」歷史，將信仰內涵關於永恆、公義、關愛、真實作為維度分析的時候，發現缺乏這些信仰維度的人群的普遍特徵便是不知永生、不畏律法、無有博愛、缺乏真實。如果用正向性的評價，那就是只活今朝、我即主宰、私愛成性、多有虛謊，庶幾以古為鑒，莫蹈舊轍耳。

一是不知永生（生命觀）

孔子說「未知生，焉知死」，認為活著還不明白呢，幹嘛研究死了之後的事？更加準確地說，實際上更應該是「未知死，焉知生」。很多人活了大半輩子，到死的時候，忽然明白，一切都是浮雲。金錢、權勢、虛名、慾望以及全部這個世界。理解死亡，才能解開生命價值的秘密。

因為死亡的那一刻，是所有屬世價值的毀滅，同時也見證屬靈價值的延續。就如床前明月光，至今仍傳頌。既然詩歌擁有穿越歷史的力量，既然數學公式歷之萬代而彌新，世界上擁有超越時間的存在。對於靈魂的永恆性認知則成了關鍵。有種觀點認為，生命的盡頭是我們心跳停止的那刻，生命是物質的，就如鐘擺的老朽，就如油盡燈枯，如風吹餘灰，死後全然歸於虛無，我們暫時稱之為「此生派」；而另外一種觀點認為我們具有永恆性的靈魂，死亡後我們將變成另外一種永恆的存在方式，我們稱之為「永生派」。而這是兩個截然對立的生命觀，並連帶出不同的生命歷史形態。

此生派更加重視現世的生命，少有來世的盼望與永生的信念。所以與其光榮就義，不如苟且偷生的生存哲學更加佔優勢。識時務者為俊傑，何必守死理呢？十朝不倒翁馮道就是典型。

死亡如夢噩般縈繞歷代國君，紛紛謀求長生不老。當生命有盡頭的信念下，隨著死亡的鄰近，那老去的容顏、衰朽的軀體，更加無所顧忌，成為眾多「此生派」顯著的特徵。死後完全消失，什麼功名富貴，都是浮雲；什麼禮義廉恥，都抵不過現世的享受。所以甲午海戰，清朝潰敗，貪生怕死之徒比比皆是。另一方面，隨著死亡的臨近，屬世的束縛減少與失效，因而可以暢所欲言，毫不顧忌，所謂「人之將死，其言也善」。此生派下，概率上，長期的道德行為的堅守變得更加困難！此生派下，短期性才是王道正途，而任意而行才是合理，及時行樂才是妙道！

不是說此生派沒有道德高潔之士，而是概率太低。此生派往往堅持好死不如賴活。現世生命的存在成了唯一的意義與最高的目的。為了存活，可以忍受一切。無論多麼貧窮，無望；無論多麼困苦，邪惡，這些都不能改變此生派頑強的求生慾望，只要活下去，才是最大的意義和希望。哪怕衣衫襤褸，哪怕禍國殃民，哪怕窮困潦倒，哪怕助紂為虐，哪怕無聊庸俗，哪怕雞鳴狗盜。只有當窮餓已極，才會真正地反思，才會絕決地反抗。所以抗戰時期，偽軍數量驚人。死亡則成了「此生派」心中最為恐懼的威脅，即文革期間大陸所謂的有效的「肉體消滅」。一方面，此生派看不到永生，不承認靈魂的永恆性；另一方面，他們卻千方百計延長生命，追求更長久的生命存在。

而永生派呢，日本的靖國神社問題遷延日久，關鍵在於靈位的供奉問題，不只是一個排位的問題，關係到

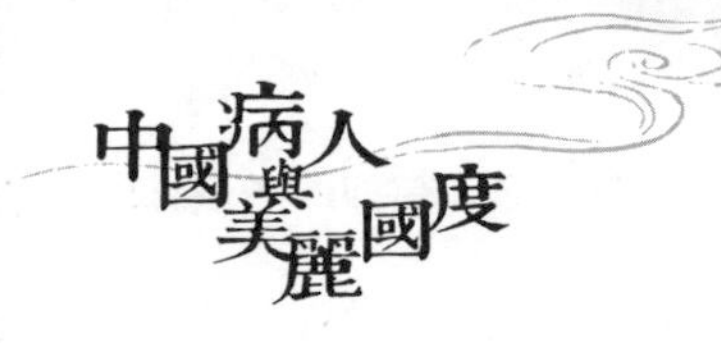

軍隊的戰鬥力，關係到國民的信念，這是日本的國本問題。又如維京海盜的戰力驚人，極其依賴死後與奧丁在天堂痛飲美酒、享受美人的信念有關。此生派有英勇的戰士，永生派也有英勇的戰士，但是永生派的概率遠遠高於此生派。這就是大陸解放戰爭時期國民黨的軍隊人數再多，武器再好，但是分崩離析，貪圖名利，也在當時擁有民心、擁有信仰的共產黨軍隊面前丟盔卸甲，潰不成軍。這也是蔣介石先生到了臺灣更加重視軍隊的思想工作的原因。因為信仰的力量才是區分的最本質因素。因為永生的信念，使得信仰者更容易、更多地展現了超越短期利益、短期價值的長期化行為特徵，可以為了靈魂而堅守長期的原則。

二是不畏律法（律法觀）

儘管古代帝國向來敬天，強調天子觀念，甚至天命、天道也進入文化理念。然而東方歷來缺少上帝（真理）的維度，因而法律最終成為人與人之間的單方面契約關係。缺乏了王和民與上帝立約的方面，只剩下人與人之間的契約。東方的律法往往成為人治的工具，導致古代東方文明少有律法觀念。法律權威往往在個人威權之下，可謂人治；而真正的法律權威，應當在於個人權威之上，方為法制。只有神授的律法，或者說上帝與王和民立約，才有了穩固的法律基礎。單單王和民的立約，本質上具有脆弱性。王與民任何一方的變化，都將導致律法的變化。因而，律法是否是真理的一部分，具有不以人的意志為轉移的特點，決定了文化的差異。

古代東方文明中的律法實際上很多只是皇帝的意志，或者說反映統治階級的意志。然而人是死的，人是犯錯的，人是會變的，人是會撒謊的。一旦權力、武力、外在約束的變化，法律也就隨之變化。東方的法律權威本質上存在脆弱性：因為人人想按照自己的意志制定律法，要求別人去遵守；而人人又不喜歡遵守別人制定的律法。這種天然的脆弱性，導致朝令夕改，導致憲法沒有尊嚴，導致民眾逃避遵守義務成為習慣！淩駕於法律規則制度之上並非羞恥，而是個人意志的自得自滿的勝利。所以法制社會以遵紀守法為本份，而某些人群以違法亂紀不被抓為榮耀。而擁有上帝（真理）維度的社會，其法律權威的源泉在於天賦，並不以個人意志為轉移，因而存在不變性的內在特點（凡是真理的組成部分的，均具有永恆性，法律條款也是如此。就如太陽從東方升起，至西方落下，凡是真理的，必具有永恆性的屬性，否則其不是真理）。天賦律法的社會法律變換較少較慢，而強人意志主導的國度法律變換較頻較多。強人也容易掛啊！再者，中國的法律往往需要上位者的監督執行，在很多監控稀薄的地方，違法侵害的事情將會增多，更加速了法律的尊嚴喪失，因而中國文化中到處的腐敗送禮文化，都在乎鑽法律空子，高抬貴手之類，人情社會、禮品社會、腐敗社會都是對於律法社會的反抗或者說是替代。

而如何鑒別法律是否天賦呢？還在於其內在的公義性。不公義的律法，則不屬真理的部分。美國憲法條款大多百年不變，顯然這樣的恆久性規律不屬人的意見，而屬客觀信仰規律，而其不變的本質在於其公義性，人人皆心服口服，自然不存在需要變更的需要。即使這樣公義的法律為人所一時變更，而經受不公律法折磨的人們也會將其重新回歸本原。就如歷史上政治清明的皇帝平均統治時間將遠遠高於那些暴虐無道的昏君。因為符合規律的，則具有更長久的持續性。這是歷史的真理，也是信仰的規律。

如果律法是變化的，那麼面對的就是混亂（行為標準及價值的不確定性）。不管是一些古希臘哲學流派，還是帝國傳統的周易，都強調變化（運動）的哲學——「異者，不異也」。據說諾獎得主楊振寧先生也覺得易經思想影響古代中國科學發展，還是有道理的。用白話說，人類歷史和社會規律是不斷變化的，特別是在精神上、信仰上、道德上，一切都是變化的。今天的道德不同於明天，今天的規則也異於昨天。從歷史上看，一切都是可以拋棄的，一切道德倫理信仰，都是在不斷變化之中的，所以古希臘赫拉克利特堅信運動是絕對的。一旦是運動的哲學，就否認了完美的存在，因為完美的東西是不需要變化的。一旦是運動的哲學，也否認了永恆的存在，完美的東西必須永恆，不然就不完美了。所以，一旦否認了完美和永恆，一切真理的價值都沒有了根基，所謂的真理、公義也一並消失了。因為真理、公義、完美、永恆本質上是合一的。這就如古希臘哲學家，一派認為一切都是變化的，因為你不能用腳踩入同一處流水。但另外一派認為一切的內在是不變的，因為水流的原因永遠是不變的，如水往低處流。所以，強調變化的哲學，後來又不約而同擁抱了社會進化的哲學，所以，一切都在變化，只不過變得越來越好。什麼動力使得任何事物的變化都變得越來越好？只能說太天真。德國在哲學上一度遠遠超過英國，並成功產生了納粹思想，所謂社會進化結果不一定讓人滿意。價值觀不斷變來變去的人們，連方向都沒有的人們，目標也沒有的人們，莫衷一是的人們，居然可以不斷變化並進化著，簡直可笑，也成了名副其實的烏托邦。

當律法不定時，皇帝或上峰的命令就有了合理性，即人佔據了相對性的絕對權威的位置。人由於高舉自己，否認永恆真理的存在可能，那麼人就能夠活在律法之上，當權者的話語成為法律，並隨著當權者的轉換，而不斷得到改變。而普通人則活在人的權威之下，上方的生殺予奪，陰晴不定，也鑄就了下方的漂泊動蕩，毫無安定以及有獎競猜的人生。而絕對權力則是人人嚮往的目標，爭競不斷，勾心鬥角，你死我活，無非要成為主宰者，避免仰人鼻息的奴性生活。這樣政治鬥爭、資源鬥爭，無時無刻。**人是會死的，而上帝（真理）不會**。所以，人治具有天生的不穩定性，而神賦律法觀念的國家法律則穩固綿長。人治社會中，大多數人的安全感就少，因為沒有法律的保護；人治社會中，人們就要隱忍，不要隨便亂說話，因為得罪人，暗箭難防，關鍵是罪名還能隨便捏造，莫須有也可以。

缺乏律法觀念的文明中，公義將會缺失，人的行為將會混亂。越是缺乏公義的國度，對任何人來說都越是災難。無論是市井小民，還是高管大賈，公義對任何人都是一種保護，對人們的行為都是規範。缺少律法，社會將缺少公義和秩序，將導致更多的邪惡、苦難和混亂。就如沒有規則的足球比賽，最後暴力犯規，械鬥和賄賂裁判運動員等等污穢罪惡，將充斥整個體育場，足球場將會是一個沒有足球的地方，就如現在的中國足球和中國足協，貪腐成性，毫無品質。無所謂對與錯，本來就沒有對與錯，存在就是合理的。所以無論上峰的命令是否違背自己良知，比如亂殺無辜，殘害良知，都是因時因地因人而不同，因為它是存在的，就是合理的。沒有對錯，沒有恆常，只有不斷的變化、附和，不斷地給自己尋找合理的藉口，缺乏一致性的原則和信仰。納粹的命令就是這樣被執行的。有時，說謊是對的，有時說謊是不對的，要看情況，看環境。體制內的評價標準，也要看上峰的口味。就如五代十國的不倒翁馮道，善於逢迎，長袖善舞，天下無非換個老闆而已。

識時務為俊傑，否認永恆真理的存在。對於道德、正義和真理則敬而遠之。所謂的道德，只是在一定條件下的道德，沒有終極真理，沒有永恆不變。比如在文革時，構陷迫害他人在當時當地是正確的；而四人幫倒臺後，昔日的功臣成了階下囚，為自己的行為付出代價。如果歷史前進，又有文革上臺，這種迫害他人的行為又是正確的了，即同樣一種行為，在不同的時空，對錯是不一樣的。同時，也可以美其名曰：社會進化論。雖然一切都在變化，但是人類卻是進化的，因為人類朝著正確的方向，變得更加美好。這種天真的哲學理論在每個時代罪大惡極的陰謀，戰爭，屠戮，詭詐前面，顯出執著的愚蠢。

精神世界缺乏恆久的一致性，剝奪了不信精神律的人在屬靈意義上的獲取價值的可能性。因為你在精神上的作為，如誠信良知等等在這個世界裡不一定對。缺乏律法精神的文明，將在精神方面面對永恆的不確定性——在混亂面前，隨波逐流般不知對錯，本無對錯的前行，直到物質生命的終點。可悲的是，缺乏屬靈意義的文明只能在屬世意義上獲取人生的價值。那就是大家爭相奪取的酒色財氣，以資炫耀。而有律法觀念的文明，其行為體系將會出現極大的秩序，因為只要符合律法，就是公義的行為；而符合律法觀念的行為，將帶給人們本身的價值。生活在充滿公義和行為秩序的文明中，那人是有福的。相反，則是活在困難之中。

不追求永恆精神率的情況下，人的本質就是容易墮落的。逆水行舟，不進則退。不追求自身的聖潔，則轉

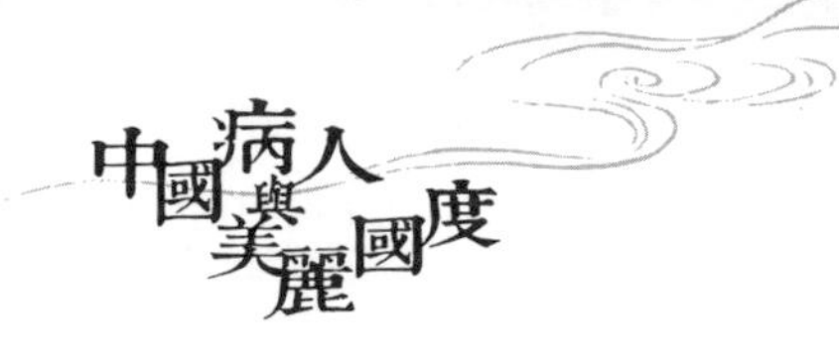

向追求世間的短暫。因為沒有統一的外在律法和內在道德律，社會上將更傾向於不公不義（不排除短期公義公平的情況），秩序上更可能出現混亂（不排除短期秩序的情況），社會整體生產力將會是孱弱和互相拆毀的（不排除短期合作和增長的情況），所以，盛世是稀缺的。

因為符合真理和規律的，才有長期的效率和力量。越符合真理和規律的，就越具有長期的效率和力量。那麼終極的真理就是上帝（真理）是最永遠大能的，這個就像是數學上的無窮大。因為在道德上追求，是永無止境的，追求靈性具有無限性特徵。但是貪婪世界，卻是不斷墮落的過程，貪戀權錢具有有限性的特徵。因為物質和權力的有限性，使得人們之間相互競爭，如果方式不光明正大，甚至產生相互仇恨的因素。這樣的文化中，概率上更容易選擇撒謊，而不是誠信；更容易選擇妒忌，而不是成全；更容易選擇仇恨，而不是寬恕。一條是通往幸福和自由的道路，而一條是通往毀滅和奴役的道路。

只以追求物質為目的的生命，是虛無和可憐的，因為這不具有永恆性的價值。如果追求權力和物質，成為一個利慾熏心之人，則徹底走向了高貴聖潔的反面。而「生不帶來，死不帶去」早已為人所悟透；凱撒大帝死後，要求把自己的兩隻手放在棺材外面，讓世界上所有的人看一看，世界上自以為是很偉大的人，如凱撒大帝一樣，死後都是兩手空空而去。

那麼，精神規律是否存在呢？我們能否追求精神規律來獲取價值呢？或者說，我們怎樣做個有價值的好人呢？我們能否試著從另外一個角度去理解精神規律？首先，按照英國知名作家 C. S. Lewis 的說法，遍查列國，發現古今中外的道德律大體相似。其次，就個人體悟，在沒有切身利益糾葛的時候，很容易判斷對與錯；當然，即使身處其境，為了自身的利益，而行違心之事，發違心之言，成為名副其實的犬儒主義者，其實內心也確知何謂是，何謂非。客觀的精神律實在是獨立於人意志之外的客觀存在啊。

其次，精神律是較之物質律的更為精巧的規律。精神律的偉大在於你能遵守，你也可以不遵守，但是你毀滅不了它的存在。精神律如物質律那樣，獨立於人存在。

但是人具有自由意志決定是否遵照精神律。而物質律恰恰相反，你從懸崖掉落，立馬西去，無人其外，那麼沒有人會不去遵守這個物質律。你要離開地球，就必須按照物理規律，滿足動力方可離開。物質律的巨大缺陷，在於人人必須也是必然遵守，而精神律的遵守與否，卻可以判別，何人是良善的，何人是高潔的。如果好人壞人一同毀滅，堅持做好人就會更難，道德滑坡就會更加傾斜。少有天賦律法和道德的文明裡，「善舉」和「良知」是稀缺的，而小人和無恥之徒卻是更加充盈。沒有精神律的恆定，就沒有公平、正義、人的尊嚴、意義等屬靈的價值。而通過可以自由選擇遵守與否的精神律，衡量人的對與錯、善與惡，則發揮了績效考核的作用。

而聖人和邪惡之人的區別在哪裡呢？顧炎武總結古代帝國政權的滅亡之規律，敗在了人心無恥之上。而唐崇榮先生提到，在列寧彌留之際，曾言「除非以後的蘇聯有 50 個聖人起來，振奮蘇維埃的道德，否則我們是沒有前途的」。聖人對國家和人民的貢獻將是無比巨大的，而奸惡之徒對於國家和人民的毀滅也是無比巨大的。

那麼在一個道德水準更低的社會中，人民的生活的苦難程度將會遠遠高於其他社會，且這種問題無法通過金錢、權力等等解決。

三是私愛成性（愛）

傳統的東方文化強調齊家開始乃至治國的方向，所謂誠意、正心、修身、齊家、治國、平天下，方可明明德於天下。儒家的核心是「家天下」，愛的核心實質上是家庭（家族）；而所謂老吾老以及人之老，幼吾幼以及人之幼，推己及人只是理念上的高調而已。對於家族逾規過分地愛其實本質上就是對社會其他人員相對的不愛罷了。如果把愛的幅度看成是同心圓，最核心的部分是自己的父母妻兒這些至親。內核以外，是自己的親友。再外面的一圈再是老鄉熟人。再外圈就是整個國家和其它世界。同心圓中核心的愛最濃烈，到外面完全已經冷漠，沒有感覺了。我們姑且稱之為小愛派。而日本人的愛是民族之愛。儘管也強調家人之愛，但是他們的民族是個大家庭，日本人之間存在某種愛的聯繫，比如不給別人造成麻煩的文化，使他們能夠某種程度公平正義地對待自己的國民。

而上帝之愛呢？是不分天南地北，男女老少，都是家人，都是兄弟姊妹的愛，即大愛派。就如孟子所言仁者愛人也。就如看到就義的戰士，如果不是我的家人，那麼小愛派的看客就是冷漠、看熱鬧的，和己無關的。就如在醫院裡經常上演的因無錢醫治而等死的病人，很多人嘆息，但是少有伸手相救，因為覺得無所謂，毫無痛感；面對衙門窗口焦急等待的民眾，有些官員還是聊天歸聊天，打牌歸打牌，因為和他們有什麼關係呢？為何要關心他們呢？小愛派會導致大量的負外部性事物無法解決。比如污染環境，比如貪腐行為，都是有利於小家庭而損害集體利益，但在小愛文明中，該類負外部性事物將會長期廣泛地存在於文明各方面，長期腐蝕文明的健康機體，導致國民嚴重的損害和苦難。小愛派會導致正外部性的行為無法堅持。比如英雄就義，做成人血饅頭；仗義執言，落得身陷囹圄；勇扶老嫗，終是賠錢認栽。這也就是魯迅一再痛苦指出的人血饅頭、看客和人群。

所以熟人社會中人際關係很重要，認識的人辦事容易，如果親友那更容易，如果是子女，那違規違法都無所謂。所以，在沒有永恆原則的國度裡，不要期望太高，別人會按照獨立於個人感情的制度來辦事，不分膚色、種族、信仰的公平公正地對待每個人。用家鄉話說就「都是人做事體」。而在無序的混亂中，就越發顯得人情世故的重要，認識的，好辦事；知己的，好省事；親密的，好生事。因而，花費天量的資源在於結識朋友，打通關節，都熱衷於此，精明於此，無怪乎窮忙的本質，越忙越窮，越窮越忙，直到國家被掏空，田野被荒蕪，百姓遭饑荒。這個就是關係型社會的交易成本，而最終在關係型社會中取勝的，並非單獨的質量指標。或者說質量指標，往往不能在關係型社會中取勝。舉個簡單例子，專家很難當心腹，而情人卻容易上位。這會導致嚴重的負外部性和資源錯配。中國近代偉大的專家、學者、道德高潔之士，往往都是構陷、批鬥、監禁、打壓的對象。

這種愛的同心圓現象的本質，是以自我為中心的愛，即愛自己為人生最重要的目的，這樣與自己有關的才具有價值，與自己距離遠的價值就小，與自己無關的則沒有價值。這樣的價值體系下面，高俅產生了，頂替產生了，後門產生了。因為這是自私的價值觀的體現。此套價值觀的問題在於，個人的價值只受到少數人的認可，即唐宗宋祖只是對於一家一姓有價值，其他人對其價值不認可或認可度不高；一旦決定者改變，整套價值體系將重新建立。這樣的缺陷在於：這個國家對於價值的認同千人千面，留下來很多的都是沒有普遍價值的事物。就如高俅的價值僅在於喜好蹴鞠皇帝的在位。公司中認可的高價值人才，都是沒有普遍價值的人才。這樣有何後果呢？就是與外國競爭時，這些高估值的人才往往都是草包和酒囊飯袋，田忌賽馬中我們往往是劣等馬對人家的上等馬。

四是容許謊言（真實觀）

在以家天下的同心圓的社會中，在以權錢為目的的不擇手段的社會裡，在生命只爭今朝的緊迫中，正常的人在面對是否選擇真實的時候，往往利用歪曲去保護（獲取）自身利益。在自身的利益受到威脅的時候，往往可以毫無顧忌地用謊言去避難而獲利。因為說出實話，往往意味著得罪當權者；辦實事講真話，往往意味著自己不可以獲取額外的好處。有些人以為，我有時說真話，有時說假話，我不是全部好，也不是全部壞，我也是有真實的。問題在於，你自己知道自己何時說真話，何時說假話。但是對於旁人而言，即使你的話中十之八九都是真話，但是一旦誤信你的一句假話，將是嚴重誤事，甚至誤人誤國的。因而，西諺有雲，魔鬼在細節中。真正的欺騙往往是真多假少，但是假得很關鍵，假得很過分，受騙者損失極大。因而所謂的誠信社會，就不會鼓勵什麼白色的謊言、為你好的謊言。因為真的就是要全真的，不能摻假。真實無偽才是真正的誠信觀念，一旦言語中摻雜謊言，那麼這個人的話就不可信了，因為旁人要查明哪句真哪句假，是整個文化或者社會長期無法承擔的巨大成本。對於旁人而言，一旦發現這人說謊，那麼其他話語也一並不相信才是最優策略。就如以色列的律法，所謂守律法，不是指這個人只守大部分或者絕大部分律法，而是指這個人要守全律法，或者全守律法。律法就如一根珍珠項鏈，掉了一顆，其他顆也會落地。

誠信社會就是不容忍謊言，十分之一的謊言都不可以。

一旦文化中容忍謊言，信任就難以建立，或者說，信任相較於其他誠信文明，需要花費更大的交易成本去建立信任。長此以往，國將大貧。因為無論是商業中的交易、品牌建立，還是人力資源管理中的績效、聘用，還是科研中的數據真實，論功行賞，以及各行各業中的分工協作，由於輪子裡面的沙子比其他誠信社會多，長此以往，積貧積弱將會如影隨形！

謊言使文明中的任何一種信息質量變得低劣。決策信息，生產信息，需求信息，考核信息，價格信息都變得欺騙性和模糊性。謊言生發錯誤，人民在忍饑挨餓，但是官員上報糧食充盈，蘇聯繼續大力發展重工業，虛幻的統計數據使得蘇聯的經濟決策嚴重錯誤；謊言遮蓋問題，精神勝利法只是虛幻，勇敢承認自己的真實狀況，才是解決問題的開端。當一個人意識到自己的愚蠢的時候，才是他不愚蠢的開始；一個真正謙卑的人，是意識到自己不夠謙卑的結果。謊言即是罪惡，所有負外部性的行為，都會以謊言來執行。漢奸是為了東亞共榮圈；

貪腐是為了經濟發展；假貨是因為發展階段導致；謊言阻礙進步，規律研究往往站在前人的基礎之上和同僚的數據之上，如果數據造假，社會調研對象如果不真實對待評測等等不一而足，將對規律研究帶來災難性後果，無論多麼投入資源，多麼捨生忘死，在虛假基礎之上，取得研究進步是多麼沒有希望，就如西諺所說的造樓於沙土之上。

謊言模糊了真實，也埋沒了真相。謊言阻礙了人們的幸福。舉個不恰當的例子，當相親對象從鼻子，眉毛，嘴唇，胸部，臀部都是造假的；當男生虛構自己的學歷、財富和身世背景，謊言的代價對求偶的對象而言，是摧毀性的。單位裡前倨後恭、人走茶涼都是謊言對人之間感情的傷害。謊言消解了信任，謊言使得信任變得稀缺，一朝被蛇咬，十年怕井繩。謊言極大地加重了社會信任的交易成本。有機食品的認證非常漫長且耗費資金。民眾對標準懷疑後，就會尋求誠信環境中的其它標準。這樣對於信任的交易成本將會變得非常昂貴，使得商業成本急劇提升，損害消費者利益。在普遍說謊的環境中，社會中品牌的建立很難，品牌數量少，大品牌更少，摧毀卻很容易。誠信環境良好的地方，品牌就容易建立，品牌數量多，大品牌也多。這樣，信任的交易成本極大地加大了創業的難度。

說謊之人的父是魔鬼。讓一個習慣說謊的人不說謊，那是多麼難啊；讓一個誠實的人說謊，又是多麼難啊。謊言是歷史的敵人，是公義的敵人，是生命的敵人，是大同社會的敵人，是真理的敵人。謊言大肆存在的文明，整個文明中的資源配置、分工、協作、專業性、負外部性、資源分配都將產生巨大的荒謬錯誤，並產生極大的災難和苦難。

社會中零和博弈不存在合作可能，發生概率不多；在存在合作可能的非零和博弈中，帕累托最優和納什均衡是相衝突的，而且納什均衡是較常發生的。帕累托最優是別人不受損的情況下，自己獲益更多，就如做大社會的資源的大餅再分配，人人都不吃虧，比如亞當斯密模式的生產力大爆發；概率上來說人類面對更多的是納什均衡。如果生產商生產合格產品並銷售成功，消費者獲利十分，生產者獲利十分。如果造假銷售成功，消費者虧損十分，生產者獲利二十分。如果造假被抓，罰款一分，消費者獲利 0 分。沒有其它約束，沒有其它懲罰（或者懲罰較輕），短期一次性交易的情況下，理性人將生產假貨。這也是為何某些老闆說「全國人民買我一次假貨我就發財」的堅定作假的海枯石爛般的豪言壯語。如果消費者預期很多假貨或者產品質量不清晰，理性人寧願不購買產品，或者以極其低廉的價格購買，這樣消費者虧損五元，生產者虧損五元。這種情況就是囚徒困境。信息透明和長期互信（使用各種手段導致的互信，包括相互真實的威脅、懲罰造假）能解開囚徒困境，極大地減少囚徒困境的發生（或者說惡性循環）；而謊言生發則使得囚徒困境更高的發生概率。謊言使得信息透明度不斷下降，謊言也使得雙方互信漸漸消亡；換言之，容忍謊言的社會，幸福變得稀少，而苦難變得頻繁；惡性循環變得容易，而良性循環變得脆弱。謊言導致品牌建立異常困難，而劣幣驅逐良幣變得簡單。

二. 信仰維度的組合

觀察封建文化中信仰維度的組合，造成了很多奇特的生態。譬如認為生命是短暫的，就不會有永恆規則的順服。因為死前，無論什麼規則都已經無效，你的自由意志才是最大的規則。「我死後，洪水滔天又如何？」所以，沒有永恆的生命觀念，所謂的道德律或者現實的法律觀念，都無法成形。不同的信仰維度組合也造就著獨特的生態環境。

一個生態環境就是某些封建社會中無底線追求權錢享樂的現象

變化的規則（沒有律法精神）跟短暫的一生（沒有永生靈魂）的組合，否認精神律的存在，屬靈世界的價值（精神律）不再永恆，那麼只能以眼見手摸的物質作為不變價值的替代。無視物質世界對於個體生命的虛空本質。「虛空的虛空，一切都是虛空」，君王道出了繁華世界的本相就是虛空；「色即是空，空即是色」，佛陀悟出萬千世界都是虛空，而「空」則傳承千秋，實為不朽，「空」實乃靈魂、信仰這些看不見摸不著卻實實在在的存在。這個世界終將朽壞，只有天上的財富，屬靈的恩賜才是「萬歲萬歲萬萬歲」。

然而，一旦屬世的享受成為人生的目的，價值的衡量，即物質至上主義，或者說權錢的價值觀，或者說現實主義，人就開始陷於慾望的泥沼，不能自拔。一方面貪戀世界，一方面放縱慾望。這些人往往無論貧富，都展現出對物質世界的迷戀和對權勢的追求，這樣的典型即是魏忠賢之流。清朝的清官總是極度稀缺，而庸官貪官總是數不勝數。由於缺乏在永恆的精神原則上獲取價值的方式，做個有道德的人，並不能給與人價值，因為不相信永恆的道德律的存在。比如，明朝的人忠君，但在現代人看來，他的忠誠只是對孤家寡人的忠誠，對百姓毫無意義。道德這東西，在此生派看來，太過虛無，沒有實在的意義。

因而生命的永恆性被否認之後，只是在這短短幾十年中尋找意義和價值，那麼只有權錢帶給我們快樂，帶給我們價值，帶給我們頤指氣使的樂趣，才是那麼實實在在。哪怕錢放在床底下，哪怕半夜回家偷偷數錢，那種快樂真是讓人難忘。因為沒有永恆，就必須活在當下。活在當下，就必須及時行樂，莫待無花空折枝。生命是那些人最為寶貴的存在，享樂在有生之年也是至關重要的。當然還有保健品和延年益壽的產品不可缺少。

沒有終極和永恆的真理支持他們擋住屬世的威逼與誘惑，無法抵擋性命的威脅以及物慾的引誘，能夠在他們的內心永遠督促堅定愛的信念，堅定善的行為。而混亂的時代，他們遵守的自認為規律的話語，比如納粹領袖的發言講話，身體力行，執行到底，只是造就了災難和荒誕。

歷史上，那麼多的權謀詭詐，構陷冤枉，無非威逼利誘而已，真是多如牛毛，舉不勝舉。為了幾個銅錢而出賣親友，無非現實而已，服飾、住所、出行以及餐飲的豪華難道不是人生的終極目的嗎？為了自己的活命，而出賣理想和靈魂，無非現實而已，大丈夫能屈能伸，好死不如賴活，留著青山在不怕沒柴燒。氣節、公義、道德、良知又不能當飯吃。所以黑格爾說，古代中國歷史從本質上看是沒有歷史的，它只是君主覆滅的一再重複而已，任何進步都不可能從中產生。幾千年的中華帝國，其實是一個大賭場，惡棍們輪流坐莊。

概括講，物質上的錢與屬世的權力等享受就成了此生派唯一可依靠、可理解、可獲得的普遍認同的標準了。所以說，家天下和官本位是中國文化的毒瘤。物質世界的財富與權力是有效衡量人的主要不變標準（酒色財氣之流與此類同）。

一方面，歷代累積的窮困困厄（物質極度匱乏，則極度需求物質），使得他們展現了對於物質生活、權力的狂熱迷戀以及將自己生命的意義與物質權勢的多寡高低相聯繫的標準。無時無刻不在進行攀比和競爭，希望把別人踩在腳底。因而國中構陷爭鬥無日無之。另一方面，佔據統治地位的階層，擁有最多的是權和錢，而又去為所欲為，自然十分接受這種標準。有錢有權的人，既可以奸淫豪奢，也可以享受成功，被人膜拜，不是最幸福的模式嗎？因而古代東方的庸臣奸佞層出不窮。而清廉高潔人士卻是人數稀少。花柳病出現後，明清兩朝多少皇帝死於此病，不要忘記他們還有後宮三千。

對於以物質為最重要、為最終目的的生存方式，喪失了在精神領域獲得價值的途徑，使自己成為了權錢的奴隸，成了自身慾望的奴隸。無論以何種方式取得財物，只要最後獲得了錢財，那麼這樣的人生也是被眾人所認可的（雖然嘴上不贊同，但是自己有機會，很多人也是這麼幹的）。只要有錢，哪怕投機倒把，售賣假貨，也是大家羨慕和模仿的對象，會把錢的男人也容易把妹。無論怎樣奪取政權，哪怕營謀夾雜，屠殺婦孺，兄弟相殘，都是可以被理解，甚至被尊重的。哪個開國皇帝不是得到了子民的頂禮膜拜？

誰會在乎區分好的權力和壞的權力？關鍵是權力在我手中。所以，魏忠賢曾說，對我好的就是好人，對我壞的就是壞人。而整個一朝，又是多少鷹犬爪牙，在他眼裡是好人。這樣，權可以生錢，錢可以買權，成了一枚銀幣的表裡，也構成了價值的衡量標準。古人的家譜，總是沾沾自喜於族中的大官，不管那個官僚是如何斂財，禍害一方；如何構陷同僚，諂媚上方。這些都不重要，也無所謂。一次吃飯，母親提及祖上為浙江總督的官僚，我笑稱我家祖上都是打魚的。後來親戚提及我們家族近代在京城當差的，也頗感自豪，我也笑稱，上溯到原始時期，我估計我們祖上還是打魚的。打魚的後代用當官來嘲笑當代的打魚的，有何意趣？

律法永遠一致地對待每個人，就有了公平。律法的永定才可以區分善惡，明辨是非，才有了恆久的正義。在永定的精神律的前提下，人才有了屬靈上的意義，有了成為人的尊嚴。而靈魂的永生，使得這種價值不會成為曇花一現，不會隨波逐流，不會咳唾隨風，不會雪泥鴻爪，靈魂也不會因為暫時的低賤而變得卑微，也不會為暫時的得勢而變得狂妄。更不會因為追求權錢，而失喪了靈魂，成為慾望驅使的魔鬼的後裔。這也是孔子所謂的君子周而不比，小人比而不周。這也是王陽明所謂的，不失其赤子之心。這也是孟子所謂雖千萬人，吾往矣。

否認靈魂的永恆性和否認律法的客觀性，似乎是孿生子，讓很多人失去了靈魂上獲取價值的信仰，而在這個注定逝去，人的存在如影子一樣的世界裡，在風裡捕風，在影裡追影。

第二個生態環境是混亂以及互害的現象

混亂的規則與家庭的私愛造成了社會公權力為私人服務的奇怪現象。許多中國面臨無解的問題在於公共域的問題。沒有永恆公義、律法，很多人只有家庭，親友之愛。只是私德，而非公德。即對自己身邊的親友同事好，當他們人看待；而面對茫茫的大多數，根本就是無所謂的。對於家人親友的愛，可以努力跨越律法和束縛，利用各種手段，把家庭的利益、親友的利益達到最大化，即無精神律下的恣意妄為。所以要好勇鬥狠，把自己搞得很兇殘，家族才不會被欺負，形成恐怖平衡，才能在這個社會少受欺負。

律法觀念的缺乏，展現出物質表像的混亂，即柏楊先生總結的很多人的「髒亂吵」。但是對此「文化大醬缸」的背後的成因，歸因為劣根性，只是說老祖宗傳下來的東西裡面有毒素。我想，這大概是很多人精神上缺乏一致性的外在體現，或者說很多人價值、行為標準和社會規則的混亂。有皇帝的時候，皇帝面前是一致的；沒有皇帝，或者皇帝監管不到的時候，則是自己說了算。

當萬千的人在一起時，真是蔚為壯觀，一盤散沙。很多人缺乏對永恆規律的信仰，不關注天堂地獄，因而對於此生的行為毫無懺悔，拒絕歸正。一切以自身家族的利益為至高，只有私德，而沒有公理。對於公眾領域的冷漠自私與為所欲為是相輔相成的。所以，很多人的家庭內部可能井井有條，但是公眾領域卻是亂七八糟、一塌糊塗。自由意志之間的衝突和莫衷一是，強力壓制下的整齊劃一，在帝國中樞權威式微後，立即形成軍閥割據。

哈耶克曾經說過，制度的一個成因在於給予一致性，是減低交易費用的。比如紅綠燈的出現，儘管對於當時當地的遵守紅綠燈制度的人造成了損失，但是規則的一致性，造成了社會整體的效率改進，避免了史詩式堵車的悲劇。大家可以想想，在精神領域缺乏一致性，是否也會帶來天量的浪費——生命的耗費，資源的浪費。這種精神上的一致性絕不是指大家一致認為福克斯新聞是好的，這種思想。因為，我們常常誤以為精神上的一致性就是觀點的一致。其實，那是一種愚蠢。精神領域的一致性就是堅持道德，不撒謊，愛他人這些信仰方面的一致性。至於你如何展現道德，如何關愛他人，是不同的形式和物質表現，這方面是豐富的，觀點可以多樣的。就如每片葉子可以不一樣，但背後的規律是一樣的。所以，那些不承認精神律的國度和人群，往往強求觀點的一致，動作的一致，外觀的一致，而在真正的內在價值上是極其混亂的。因為只有在信仰上一致，才有永恆的價值。

由於在精神領域的不一致，如各種運動中的積極分子，他們長久的價值幾何呢？這種小愛將自己的價值依附於一個家庭或者一個姓氏，使得很多人的價值並不為他人所愛護、認同以及尊重。換句話說，就是這種小愛的價值將不會受到無關公眾的認同。所以幾頁謄抄的族譜被家人尊重保守，而對於不能產生經濟利益的古跡、傳統則被多數民眾棄之如敝屣。這樣也導致帝國的品牌被弱化（反之，建立一個品牌困難更大），因為李家的東西賣給自己和賣給我們的是不一樣。這樣也導致品牌價值很難長久保持，質量難以保證，因為生產者不重視消費者的價值。

因為否認精神律的存在，那麼很多人喪失了在精神上獲取價值的可能。因為我們的價值必須依附不變的東西才能有意義。當精神上的價值充滿不確定性，則在這個物質世界中獲取了唯一價值的所在：權錢與享樂。古希臘的三種生命態度，人的生命活著是為了道德；人的生命活著是為了享樂；我也不知道為什麼而活。這樣，最終缺乏信仰維度的文明中也只有享樂主義佔據了多數地位。為了家庭的愛，我們肆無忌憚、爭分奪秒地累積財富，謀求權力。

在缺乏大愛的社會裡，權力和金錢是如此有用，因為人人以此為標準，為目標。人們不可信賴，因為只看重金錢。人們缺乏關愛，只有權力能夠讓關卡開通。生病吃藥，交通食宿，上學教育，都需要金錢，金錢被推上了至高的位置。而衙役開道，不用排隊，專屬醫療，特供食品，各種孝敬，清朝官老爺們的權力可以頤指氣使下面黑壓壓一片毫無靈魂、面色麻木的很多人，不但可以為家庭自己獲取利益，權力更加可以使得人生價值實現，權錢是美好的，興奮的，難忘的，讓人大感沒有白活一生啊，沒有愧對自己對於家庭的責任和愛，正所謂金榜題名，光宗耀祖。

小愛只是帶來了大恨，短期小收益收穫的是長期大損失。為了親友的利益，不顧長期的收益，顯示出一種無奈和罪惡。你是醫院的人，你就可以不排隊看病；你在醫院沒人，那麼排隊排死，每樣檢查來一遍，藥還很貴，更要命的是不一定有效。這種由於不遵守律法，對自己的家人親友的私愛，造成了大恨。在長期，別人也會利用自己手中的權力和機會，謀求家人的短期利益，卻是不斷冤冤相報無窮盡也。但你的家人親友，只是一小撮；而你不相關之人，則是絕大多數。就如上海公務員退休工資達到 2 萬之巨，普通工人比高級技術人員工資高非常多，在這樣的環境裡面，還叫囂著科技彎道超車，簡直是天天海市蜃樓。這樣分工協作是完全毀掉了，小國寡民，關起門來成一統則成了最優選擇。而民國作家也反映，中國最為悠久的文化就是內鬥（窩裡鬥）。

散沙一般的社會，人與人之間的關係是刺猬。就像四川作家冉雲飛所說的互害社會。當你為了子女的前程、家庭的財富而無所不用其極地攫取短期不正當的利益，比如貪官的暴虐，比如知識分子出賣靈魂，比如農民大施農藥，都在造成人與人之間的仇恨，而這種不負責任又加重了家庭之愛的重要性。在家庭親友之外，已經很難再愛其他人——因為那些人害自己，把自己當成無關緊要的東西，甚至猪狗不如。所以愛人如己是規律，那麼另一面的恨人就是恨自己也是規律。所謂種瓜得瓜種豆得豆，所謂你要別人怎樣待你，你就怎樣待人。歷史文物向來不受舊社會百姓的愛待，隨意破壞、倒賣，也是可以理解的。你乾隆的墓，又不是我的祖墳，該挖挖，該賣賣，得了錢可以送我孩子好前程。因為國中沒有長久的價值，只有短暫的生命。

沒有愛，我們更容易傷害。大家想一下，在生產食品時，弄得乾淨點容易還是馬馬虎虎容易？生產藥品時，純度高點容易還是雜質多點容易？在同樣的市場回報下，我想絕大多數人是選擇馬虎和雜質多的。因為客戶是茫茫無關的大多數，他們不是你的家人，不是你的親友。你看一些農民給自己吃的菜，一般是選用毒性低，甚至生產無公害的食品。而送給菜場的，那就是該打多少打多少，只要好看沒蟲產量大就行了。因為在為不相識、不相關的人服務時，墮落永遠比上進容易，而恨永遠比愛容易，自私永遠比公義容易，因為他們冷漠缺少愛。所以，為了房子造得好點，我們需要給師傅發菸發酒，還要不斷監控；獨自裝修，是件不容易的累人的事情。

中國辦企業也是，特別的累，政府折騰，工人監督，都不省心。在缺乏大愛博愛的環境中，要把事情做好，把產品做好，把企業做優質，就會比其它社會中成本更高，付出心血更多，遭遇的風險也更大，人也更累。所以我們優質的品牌，產品，人才，技術，就會比其他博愛的社會中更少。在社會相對平穩時期人們可能是好鄰居、忠誠的朋友，但是一旦陷入社會秩序的混亂，比如集體瘋狂中，或者威逼利誘下，或者獨處與缺乏約束的情景中，他們往往會為了自身物質和屬世的私慾，而為所欲為，不計他人的感受和社會整體成本。想像一下，納粹毒氣室裡死去的猶太人的那種殘忍；想想在蘇聯整風運動中，那種為了證明自己清白而出賣同僚親友的投機者；想想在文革中，為了自己的政治正確，而將妻子母親父親出賣的所謂優秀兒女。

第三個社會生態就是短視與自私的現象

短暫的生命與自私的家庭之愛的結合的成果。因為有限的生命，什麼屬靈的榮耀標準，都可以拋擲，反映出律法觀念的缺乏。而短暫的生命帶來的是短暫的律法以及短期化的行為心理模式，東西都不太長久。凡事急功近利，凡事目光短淺。無論是幕府的政策、百姓的心態、經濟的發展，都是一蹴而就，幾日而亡，正如國父孫中山總結古代歷史所謂其興也勃，其亡也乎。

環境保護、建築物質量、品牌建設、公共產品服務、醫療服務、教育服務之類都需要長遠的目光和廣闊的心胸，但是在短期性政策下，只為短期產出，損失長期受益。這樣，建築在任期之後就跌倒了;環境在身後污染了;學生在離校之後失業了；公共品在享受前消失了。大家看看老朽帝國的怪現狀之類書籍，就會明白。只信錢信權，沒有永恆存在的真理和信念，本來已經不能長久；

又沒有私產保護制度（普天之下莫非王土），所有的財產都不具備長久性；再加上權力不能世襲，那麼，短期化將是主流，因為人走茶涼，新官上任新思路，大家都熟悉不過了。譬如漁船的捕撈的網眼是非常小的，因為有些漁夫根本不考慮未來、不考慮他人以及那些可憐的生物。而長期的小網眼，導致漁業資源枯竭；漁業資源的枯竭，導致網眼更小，這樣的惡性循環又會開始。

在任何社會角落或者部門，皇帝就一個，喜歡的人總是少數，可能大多數感情一般，而少數不討皇帝喜歡的。這種喜歡的範圍對於一般人都是適用的。整個紫禁城裡，你愛的人就那幾個，其他人都是無關的，有些是你特別討厭的。但是，有過學習經歷的人都知道，老師的關注和愛是很多學生變好的原因，因而，在部門中，一般是少數表現很好，受到皇帝賞識；大部分混混日子，因為皇帝對其一般般，而另外一部分可憐的人，基本上經常挨批。

而博愛的文明中，人人都應該是兄弟姐妹，是否大家充滿愛？是否大家都會表現出好的追求？是否你們身邊有很多好人能人智人？所以小愛的國家裡，往往是小好而大壞，少富而多貧；大愛的國家裡，往往是大好而小壞，多福而少難。小愛的國家裡，你的身邊偉大的人物概率就很少；大愛的國家裡，你的身邊偉大的人物概率就更高。而經濟學所謂交易成本低一點就大富，交易成本高一點，就大貧，良有以也。

愛實在太少的結果就是身邊優秀的人也少。因為身邊愛我們的人太少，生活才是那麼逼仄。而我們缺少愛，因為我們只是愛家人，只是愛權勢榮華，對己寬而對人嚴，沒有想到博愛、對他人的愛，以及對自身罪的懺悔，對別人罪的寬恕。與光明之道背道而馳的後果是可悲的。自私自利少有公理心，其實在抱怨這個現象，抱怨這個族群時，只是從這個鏡子中看到了自己。

為了追求權錢，許多人放棄了正義和真正的自尊，無所不用其極。用世界上最卑劣的手段，污染環境，剝削勞工，消耗資源，使用謊言，對自己的責任的逃避來增大自己的短期經濟利益。加強權力的控制，擴大審批的範圍，拒絕權力的分散監督，來不斷強化權力的威嚴以及攫取利益的能力。從歷史上看，一旦權力易手，那些原本的壓迫者變成了受害者。而從橫向看，一個部門的壟斷者必然也受到其它部門的壟斷者的危害，醫院在診斷時不把老百姓當回事，那麼在菜場，你醫生也得吃農藥。所以，無論是從歷史的時間跨度上，還是橫向的各個部門、地方，都成了一個互害社會，使得合作分工的質量和深度遭到極大的限制和損失。而特供體系，全供應鏈思維，完全是反分工協作的產物。

信仰維度缺乏的困境的根源在於用家庭血緣自私的愛，代替了博愛；用權力和金錢代替了公義和真理；用今生短暫的得失代替了永生永世的價值；放縱了人所謂的自由意志，自甘墮落，沉溺於世界的慾望，而漠視了人脆弱而易受誘惑，片面而充滿缺陷的本質。所以很多人展現的是物質的貧乏（永遠貪婪，所以永遠貧窮）與精神的荒涼（迷戀世界，缺少屬靈追求），充滿了不顧長遠利益而短視的特性。這樣的文明，在無法看見或者遮遮掩掩的地方，一般都是極其難堪的，所以清朝帶領巡撫參觀的道路都是刻意安排，回避苦難無望和麻木的景象。

第四個環境就是惟我獨尊、多有謊言的現象

長久的生命觀使得謊言變得困難，因為至終謊言就會暴露，侵害說謊者的利益；永在的規則使得謊言變得邪惡，因為所有的謊言都將是對於律法的違背，永遠遭到譴責和詛咒。大愛的文明使得謊言變得不受歡迎，因為愛中包含著真誠，相愛的人坦誠相待，仇敵才會連連欺騙。因而缺乏信仰維度的文明中，虛幻和撒謊變得更加便捷、普遍和得到支持。

生命的短暫，律法的無常，那麼自身的價值維繫在短暫一生的正確。失去了真理的支撐，則自以為是，自己欺騙自己變成可以依憑的唯一確據。正確的人生定義了成功以及意義，無論是個人，社團，組織還是國家。殊不知失去了永恆的國和永恆的義，便失去了人的真正生命和意義。漂泊的人生，虛無的價值，最終鑄就的是自欺欺人的個性，自我表揚，從不懺悔，凡事都是別人的錯，對他人少有寬恕，多有苛責，這些個性，隨著年月的增長，變得更加頑固和強化。

否認了神，人才想自己成為神。也只有否認神，人

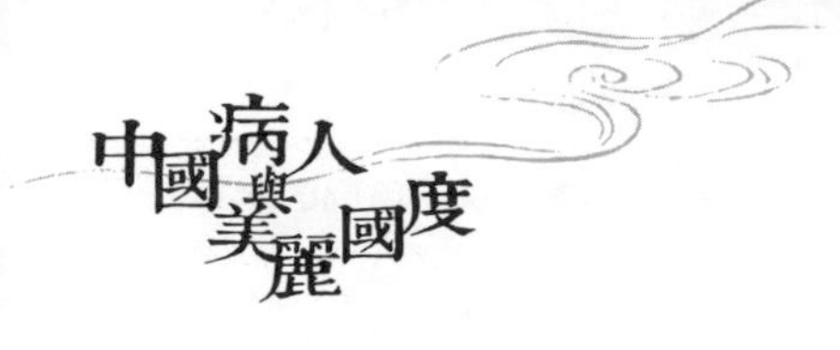

才能裝成神。但裝成神，畢竟不是神。畢竟不是神，就欺騙自己成為神。人就活在虛謊中。人想成為全知全能、永生正確的神。自己的尊嚴和價值體現在高高在上，受人膜拜；頤指氣使，號令天下；長生百老，萬世不易。但即使我們忘卻了人不完美的本質，忘掉了謙卑，但完美的影子還是留在我們心中的渴求中。我們否認上帝，只是想自己取代而已。我們要求下屬完全順服，自己完全正確，自己的權力千秋萬代。我們不斷追求神的地位和特徵。然而人不是神，總有缺點，總有不足。而自己又要成為神，就只能把錯誤當成正確，把罪惡當成標準，進行宣揚，進行推廣，進行讚美。我們就需要謊言讓我們的罪惡繼續。就如古代納妾制度，就如古代裡小腳之類的。一旦國家將錯誤當成正確推行到底，鑄就的災難就只能自己承擔，比如清朝的皇帝聖明閉關鎖國政策。

缺乏信仰維度的人都想成為最高的（絕對價值）或者更高的（相對價值），因為人都要尋求意義和價值、尊嚴和快樂。因而在無休止的競爭，爭鬥，都在撕扯，抓咬。因為最高者只有一位，不然世界就會陷入無窮的混亂。沒有了神，必然要有至高權威存在，這是社會存在的必須要件。由於爭奪有限之位，因而無時無刻，大家都在往上爬，想成為更高者（總是少數）以及最終的至高者（只有一位）。同時，世間財富，也是有限，大家自然會你爭我搶，因為你多了，我就少了。然後就是無休止的爭鬥和構陷，使得那些人就是這樣習慣於互害，習慣於壓制，習慣於管束。可以看到，短暫的生命，無常的規則以及家庭的小愛，鑄就了私德至上，公德敗壞，急功近利，目光短淺，充滿謊言，少有真誠的權錢社會。價值依附於權錢，被自己的家庭所尊重、愛戴和維護。但是這個家庭親友老鄉之外，卻是殘酷的互害社會，充滿勾心鬥角，充滿嫉妒紛爭。正所謂家天下害人耳！

神州之內，何時何地，不是如此？歷史上，萬千讀書人爭奪內閣首輔，耗盡一生，忍受諸多屈辱，潛渡如許風波，費盡謀略，精於構陷，唾面自乾，口蜜腹劍，又如何呢？內閣首輔不斷換人，只有一個接一個被打倒的失敗者，沒有一個成功者，沒有一個。無數人耗盡了一生美好的年歲，甚至到了朋友反目，親人離間，同室

操戈，夫妻離異的程度。為了虛空的虛空，耗盡了短暫的屬世一生，沒有創造留存的任何價值和意義。滿有謊言，事無巨細，睚眦必報；少有憐憫，斬草除根，挫骨揚灰。正所謂官本位錢本位害人耳！

皇帝一方面勸天公賜予能丞良將，而一旦大功告成，則大殺功臣。因為窺竊權位的或者有威脅的，按朱元璋的想法必須全部鏟除。且皇帝更喜歡用庸官和阿諛奉承之輩，也是用人的常例。在家天下的信仰下，任用家庭內部近親屬才是應有之誼，而非才能之輩；對帝國統治安穩的考慮，必須收繳兵器，愚民疲民，打壓賢良，管束豪強，這才是家天下的為人為政為事之道，窩裡鬥才是真意！家天下的本質其實是與天下其他之人為敵耳。所以中國近代面臨的是長期的積貧積弱，孤家寡人的常態。

三．美麗國度

慾望是一頭猛獸，物質世界的權錢享樂無法填滿我們的慾望的，這個世界永遠填不了我們心中的那個洞，總有一天，慾望會將我們吞噬。科技的進步帶來的物質的豐腴也只是讓我們獲取了短暫的快樂以及對於以往生活的難以忍受。叔本華否認絕對真理的存在，他的人生最終是極其悲觀的，即人生僅僅是在無聊和痛苦中徘徊。快樂就如朝露，轉瞬即逝。在慾望沒有得到滿足前，我們痛苦；在慾望得到滿足時，我們無聊，又產生新的渴慕。凡是追求慾望的滿足，將會發現叔本華的描述代表了他們可悲而無奈的一生，沒有終極的關懷，也沒有終極的意義。

而依托於物質的滿足，則意味著我們不斷攫取，才能帶來片時的歡樂與意義。這樣，物質或者說財富，對我們來說永遠是不足的，永遠是稀缺的。社會再有錢，也會顯得那麼缺乏金錢；資源儲量再高，也是那麼的稀缺。即封建社會永遠是一個貧窮、饑餓的國度。我們擠破頭，用盡心機，謀取財富和權力，其實是我們貧窮、

低賤造成的；而這種不斷的追求中，又造成周邊大多數人的恆久的貧窮和低賤，因為一旦你成功了，那麼必然有其他人成為窮人（壟斷官營小農經濟的零和博弈；皇權的壟斷，使得財富高度集中於官僚體系，即一將功成萬骨枯）；這些窮人的後代就會發奮圖強，考取功名，窮盡一切，攫取財富。

所以不論是財富、權力，殘酷的競爭無處不在，無時不有，因為這種價值的標準是人與人之間相食的：我好了，別人就不要好；我第一，別人就只能第二；我是主子，別人就是奴才。而且這種文化是堅固的，自我強化的：追求物質世界的財富，每時每刻都在競爭，價值在於比別人多，價值的源泉在於毀滅對手，剝削對手，攫取財富。因為競爭的是這個世界上的東西，那是有限的，必然相爭；如果追求真理以及天堂，那是無限，可以相愛。如果同胞不能果腹，而我飽食，照理說是一種恥辱；但事實是自己有多處宅邸，別人睡馬路，反而覺得榮耀。

無怪乎封建社會中這樣的競爭，每時每刻在創造敵視，不信任，互拆墻角，不能共享信息，陰謀狡詐。就如權力的追求，高等級的權力必然以他人的低賤作為代價，因而缺少了屬靈意義的人，只能通過人相食獲取人生的價值。而在這種以權錢為衡量標準的社會中，權錢永遠是那麼稀缺，而受到迫害、失敗的廣大民眾也無時無刻不用其極地追求權錢，有錢有權的人也不得安寧。

一旦死去，他的意義就消失了，因為你的價值寄托在物質上，寄托在轉瞬即逝的權力和浮華；在活的時候，他拼命抓住權錢，因為這是一個沒有靈魂的人可憐的有限的一生中，唯一能夠給予其價值的東西；但是死後，終究金錢、權勢都煙消雲散了。

在不相信永恆靈魂的人來說，世間的榮華權勢以及肉身的不死成了他們永恆的奢望，也使得他們成為了魔鬼的最佳代言人。就像秦始皇嚴刑峻法鞏固統治，同時求長生不老。又如在哈利波特書中，伏地魔要用黑色魔法，讓自己肉身不死，為追求最高權勢，而壞事做盡。可惜他們都失敗了。

可憐的是，許多人明明看到這樣的悲劇，但是他們

找不到出路，只能否認錯誤，否認存在的虛空，文化的孱弱，權錢信仰的可恥；靠著謊言麻痹自己，欺騙同儕，對於現狀產生了麻木，否認錯誤，來給這短暫而虛無的一生帶來些許自欺的安慰。閉上眼睛，想像出他們世界的美麗，生命的意義，卻不敢睜開眼，看清這個世界的虛空本質。因為真理和真相對他們而言，是可怕的。著意栽花花不發，等閒插柳柳成蔭，著意追求現實，追求物質，追求享樂的，往往得不到長久的真實、物質和享樂。因為真理之道，在於有的，還要給他；沒有的，連他所有的，都要奪去。

如果從近代國家的現狀看，很多日本人具有超越此生的信念，同時不對國人造成麻煩的觀念也使得他們具有博愛的體現，在律法上強調服從，在道德上強調武士道精神，整體社會強調誠信，所以近代日本展現出較強的效率和實力。

但是近代日本以民族的愛為界限，往往受到周邊民族的敵對和反抗，比如東亞的侵略、珍珠港偷襲；同時日本在道德上對待他民族殘忍，使得日本的文明受到某種程度的厭惡和攻擊；天皇的話語並非全是真理之言，所以按照錯誤的指示堅持到底的日本軍國主義最終徹底失敗。

近代美國是世界上最強大的國家，尤其是二戰時期的美國，他的國民有永生的信念，長固的天賦律法，博愛的文明和追求聖潔誠實的運動。但是隨著時代的推移，如果美國民眾普遍的道德水準逐漸下降，變得越來越自私自利和自我放縱（對自由理解錯誤就會成為放縱），也促使了他們修改天賦律法的野心，變得越來越現實主義，放縱自我，那麼美國的衰弱也是可以預見的。

其實上天對各國各民的恩賜都是類似的，有些國家自然資源豐富，有些國家自然貧瘠但是國民性格頑強。上天對各方各族都有恩賜，然而，信仰維度的接納、建立、增多日漸，則可以更加有效地發揮這些恩賜。對於我們而言，超越美麗國度也只在須臾。大道至簡，治大國如烹小鮮，幸福其實離我們不遠，美麗國度其實就在眼前。

第二章

權謀之道

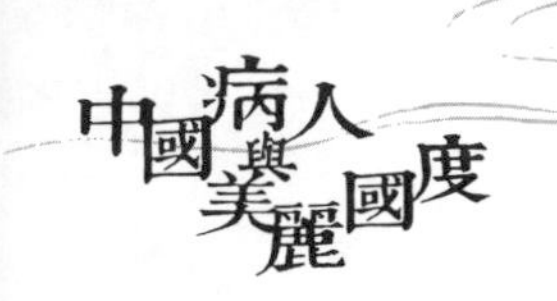

一．成王敗寇的世俗原則

在缺乏長久生命觀，缺乏律法道德律觀念，也缺乏博愛的文明下，政治鬥爭更加殘酷，極端，無底線，連坐更廣，牽連更眾。一方面，對於權力和金錢的熱愛更加激烈，利用謊言欺騙獲取勝利的心更重，又進一步加劇了中國政治鬥爭的黑暗和殘酷，血腥和暴力，詭詐和腹黑。其他國家絞刑和斬首已經夠嚇人了，我們滿清十大酷刑還是縮減版。爭奪權力的道路上，無所不用其極。「乃公馬上得天下是也」，必須將反對勢力統統肉體消滅、殺人見血；無獨有偶，要想推翻封建政權，也只能走武裝推翻，非暴力不合作是無望的。

跟統治者講究道德理論、天下為公這套，無異於對牛彈琴、與虎謀皮；秀才造反，十年不成！希冀壟斷權力者善心發現、幡然悔悟，那無異於痴人說夢、鏡花水月。皇權統治者根本不會羈累於神旨、人性、道德、律法，為了至高無上的權力，可以毫無顧忌。兒子可以殺、老婆可以殺、朋友可以殺、父親可以殺，更何況持政治異議者或者「謀反之人」。曾國藩號稱曾剃頭，對於太平軍無論婦孺投降與否，統統屠戮！

「王侯將相寧有種乎」、「人人可為堯舜」揭示的是人心中的皇帝夢、權力慾。可惜一山也難容二虎，只允許一個暴力中心的存在。只要窺視權杖，那麼即使同胞兄弟，也要爭個你死我活方才罷休。曹植若無七步詩才，早已頭顱落地；相傳建文帝火海逃生，尚且亡命天涯至死不歸。因為沒有高於人的絕對權威存在的時候，人就想成為絕對權威；成為絕對權威，就要坐上皇帝的位置，消滅所有的對手，一統天下。如果存在多個暴力中心，那麼就是不停的戰亂，不停的屠殺，非拼個你死我亡，就如春秋戰國，就如五胡亂華，就如軍閥割據。

我們很多人看到那些戰亂後，像孔儒墨法好稱「明君賢主」，以為只要一個好皇帝就是解決問題的方法。每次一統天下，一號人等就哭得屁滾尿流，如喪考妣；而這號人頂禮膜拜的人當上皇帝後，其統治的本質更多還在於暴力，而非他們口口聲聲的仁義者得天下，靠的是暴力支持的法治，而非公理正義的法制。相當於一個大流氓代替多個小流氓；或者說帝國百姓只能在大痛苦和小痛苦中徘徊。如果政權輪替的戰爭在腐朽的統治者以及赤貧的被壓迫者之間，就會愈加血腥，愈加決絕。舊朝一旦覆滅，那麼一切榮耀、一切遺跡往往將會被仇恨的被壓迫者付之一炬，不免玉石俱焚、殃及池魚。而造反失敗者，也難逃夷除九族，淩遲處死，所屬殘党餘孤，也不分良莠斬草除根、片甲不留。這就是項羽進咸陽，燒殺搶奪火燒阿房宮的心思。所以，對封建社會中的大多數人來說，百姓固然生存不易，皇帝也沒省心到哪裡去。

不管古代哲學家宣傳的仁政、善心、兼愛、大同，都不可約束權力的血腥與強權的殘暴。戰亂時，大多數人為暴力所害，流離失所，家破人亡。張獻忠臨川，原民幾近滅絕；皇太極入關，揚州直是煉獄。在和平時期，大多數人還是被暴力所害，苛捐雜稅、田地被奪，委身為奴，凡遇饑荒災害，則為流民；百姓人生十之八九乃是悲苦。暴力集團言為時則，行為世軌；違之則亡，順之則存。故而近代作家王朔坦言，中華五千年，盛世加起來沒多少年。

帝國的每個皇帝號稱天子，其實生殺予奪充滿隨意性，利用君權神授的幌子招搖過市。統治者表面宣傳仁義道德，這只是對於統治對象的要求；所謂外王內法，統治實質更加建立在私人軍隊的暴力和文官的愚民，統治也建立在分化和奴性的系統。統治更加依賴暴力而非公理，統治的方式更加強調分化而奴性，統治的子民不是獨立而是愚昧。

一方面通過軍隊暴力鎮壓威懾任何反抗和異議人士，限制和迫害思想者，散佈恐怖威脅的氣息，從肉體上消滅反抗者，使得權力監督和輿論監控完全覆滅，如唐太宗魏征之類納諫上疏的模範君臣關係，也只存在太宗稱帝早期，實屬曇花一現；另一方面利用儒家等忠君思想、社會分化思想麻痹愚昧公民，在精神上牽制，使真正的道德精神，信仰情懷喪失，使得君君臣臣，父父子子，士農工商，壓制靈命，造成僵化；在經濟上，以暴力為後盾，牢固稅基，加強壟斷剝削，使得百姓日日為果腹奔波而又貧苦無依，喪失自由，而上層驕奢淫逸，醉生夢死實為普遍，而研究仙老，寄情詩畫，也算是風雅，但最終上下層均普遍為金錢權勢牢籠，終身牽累。

上下層幾乎所有的經濟自由、人身自由以及思想自由普遍遭剝奪，少有逃脫，剝削到老百姓能夠溫飽傳宗接代即可。儒教君子之道，頗有建樹，但最終也只能粉飾牌坊社會，成為功名利祿敲門磚而已。下層百姓是因貧窮而失去經濟自由；上層貴胄沉溺物質，也失去了自由，兩者都為物慾牽絆。

面對沒有靈魂的大眾，金錢收買才有效；面對只盼望今生，沒有永恆律法概念的民眾，暴力才有了用武之地。大量民眾不會遵守法律或者良知，只有金錢和鞭子才是最有效的。這樣，真正的士子之心，忠信之言，公義之舉以及博愛之思，往往得不到大眾的響應，因為看客和圍觀群眾只是背景，只是沉默。

然而，一旦形成奴役，自然面臨永恆的對抗、陰謀以及構陷——獵殺和獵物的永恆遊戲，因為林昭說過「一人尚在奴役，他人亦不得自由」。因為皇帝的位子輪流做，只是機會未到。所以皇帝隨時要面對叛亂和暴民的威脅，有時來自民間，有時來自朝堂，有時來自內宮。

沒有永恆，則屬世的享受和權勢財富則成為一生至關重要的一切。而權力，成為謀取私利、彰顯榮耀的最佳途徑。因而屬世的物質追求、權力追求形成了廣大人群的核心價值觀。不僅是指在紫禁城中的那些袞袞諸公，即使是門衛、小販在獲取權力時那種唯我獨尊的樣子，真是頂呱呱的樣子。

古代的權力金字塔的每一層都每時每刻上演著殘酷的競爭。宮廷惡鬥每時每刻，何地何方都在上演。當社會衡量標準是權錢，即只要有權或錢，就是成功；以有限的物質和權力為衡量標準，必然造成人與人之間的差異與潛意識的相互仇視，因為別人有錢了，你就窮了；別人有權了，你就低賤了。所以我們無時無刻都在比較和貶低。在比較和貶低的過程中，產生了持續的傷害和循環的仇恨。

在人生金字塔結構下，價值來源於不斷往上爬。金字塔結構下，社會成功者永遠是少數。因為成功的邏輯就是戰勝別人，因為第一名才有價值，得到銀牌，應該扔到海裡去。整個金字塔社會，將是少數人的樂園，多數人的地獄。因為每個頂端的人的價值，都會帶來下層人價值的毀滅。所以，貧窮和失意成了古代社會的主旋律。因為成功永遠是少數，而失敗永遠是多數。把時光拉長，這種金字塔文化下面，連續成功的概率微乎其微，而失敗的概率則是幾乎確定的。同時，打腫臉充胖子的面子文化一定大行其道。因為沒有裡子才會集中精力搞面子；沒有真實，才會需要虛謊來麻醉。

因而自幼瘋狂讀書、鑿壁偷光，傳為美談，無非是在科舉社會階梯上不斷把別人踩下去而已，個人都竭盡所能武裝到牙齒，不斷攀爬上更高的層級。真正到了衙門，無論是哪個領域，嫉賢妒能，擠壓實力下屬成了心照不宣的必備技能。一方面，通過自己的努力，不斷把同儕的競爭對手擠壓下去，所以窩裡鬥聞名，而少有團結一致，互相關愛之美景；一方面，用盡手段，搞掉下面對自己有威脅的人，所以嫉賢妒能，讒害忠良成了每日的必播劇。

皇帝喜歡用傻瓜根本不是秘密。所以，信任難以建立，合力難以創造，好勇鬥狠，單打獨鬥，逞匹夫之勇；

而社會之上，必須韜光養晦，遇稜角鋒芒者，極盡打壓之能事，無怪乎有識之士慨嘆人才雕零而萬馬齊喑。而士為知己者死，女為悅己者榮也成了如此美好的奢望。

權錢的人生價值與目標的指導下，在家庭為核心的利益共同體（小愛背景，區別於博愛或大愛）下，自然希望**權力的壟斷與血緣傳遞**。所以，凡是集權的社會，最終都躲避不了家天下的宿命。北朝鮮號稱共產主義，最終卻鑄就了金家王朝。其封閉性、殘酷性和荒謬性，比我們古代帝國是有過之而無不及。因為只有至高的權力才能彰顯人的榮耀，實現人的價值。

而壟斷的權力，更高效攫取超額的利潤，能夠為自己的家庭甚至同僚朋友獲取更大的利益。權力越集中，獲取的利益越大；權力越集中，自身的價值就更大。而權力的壟斷或集中，可以規避政治領域的競爭，將皇帝或者高位者的自由意志發揮到極致，減少了對手的約束。哪怕自己德不配位，助紂為虐；哪怕民意濤濤，罪惡滿盈，權力總是不願意放手，肥水總想自留。

壟斷的皇權下，皇權的繼承必然希望由子及孫，順代而下，無窮盡也。因為家庭的小愛文明，家族仙壽其昌，安享富貴，這是自古天南地北一致的想法。五千年的帝王歷史無非就是這種生存哲學的體現。歷朝歷代近親繁殖的恢弘現象只是血緣利益至上的核心價值觀的體現。由於「皇帝」也是血緣傳承，上行下效，當官的兒子也是當官的，老鼠的兒子也會打洞的。

像古代的讓賢禪讓制度，也只是在太古時期人心樸實的時候流行。而萬年和萬代在皇帝耳中聽成了老繭。一方面，極端權力延伸到經濟領域就是資源壟斷，而特權的壟斷利益的巨大，讓既得利益者享有超額利潤；另一方面，由於壟斷排除了一切的有效競爭力量，使得壟斷者可以是智商極低的白痴，也能穩若泰山。這樣的情況下，獨享權力者必然將自己的權力傳承自己的子婿而非無關的外人，哪怕該人天資聰穎，卓然天成。

古有公卿世家、書香門第；近有頂替傳位、子承父業。所以，科舉制的創制是古代帝國延續國祚的重要原因之一。此外，自由市場經濟在國中一直不能成為主流，就如明朝所謂的資本主義啟蒙，所謂的國進民退措施，無非是自由市場經濟妨礙了家天下官本位權力集中的文化底蘊。袁世凱在選擇做孤家寡人和華盛頓之間，選擇了稱帝，最後眾叛親離，也是家天下官本位之文化底蘊罷了。

中國民眾往往希望統治者進行政改，那是一廂情願的想法，就如希望既得利益者進行改革，就是希望一個國家中的人最不願意政改的人進行政改，最不希望改革的人去改革，最貪腐的人去反貪，就如選出一個家庭中跑步最慢的人去賽跑，簡直就是在白日做夢，也無視每個民眾自身肩上的責任。這種事情叫做小概率事件。中國人往往寄托於小概率事件，所以歷史中大範圍的積貧積弱則是理所應當的。

當然，在權力不受監控的國度裡，對於每一層上位的權力的競爭即使是父傳嫡長的國度裡，也是如此的勾心鬥角——皇帝未退位前，對於太子也是時刻提防；競爭的皇子們無限的血腥，無限的殘忍，無限的卑鄙；勝利的一方將失敗的一方趕盡殺絕，禍及婦孺老幼，遠親近信。有些皇帝為了讓幼年的皇子即位，將其餘皇子全部處決；父子殘殺，母子互戮，燭影斧聲，兄弟手足狀若仇孽。極端權力帶來的是無限的資源和利益，是個人都會為之搏命，且無序無德的競爭無處不在（很多人沒有公平競爭這個概念），就如武則天以亡女宮鬥，鬥完了家裡人，還要跟權臣鬥，跟武將鬥，皇帝這碗飯也不是很簡單的。

金字塔頂端的權力尚且如此，那麼在帝國任何一級的權力競爭，大概都是江湖深水、各展神通，其中必然有無數的醜陋和殘忍，無數的陰謀與構陷——無數失敗者的命運也是極其淒慘潦倒。上方的暴虐，下方的奴性相輔相成；上方的統治是無道義的，下方也不是順服而是畏懼，不是尊敬而是憎惡。至於權力競爭失敗的萬千受苦受難圖，相信在歷史學家的典籍中已經書之又書了。

大家如果要想得到帝國權錢爭奪的秘密，請看李哲吾《厚黑學》，臉皮厚，在於能放下身段，比醜比無恥；黑，就是要為了權錢，為了家庭利益，什麼事情都要幹得出來。因為在邪惡的思想文明制度下，只有魔鬼才最具有優勢。但是魔鬼一旦上臺，其他的小魔鬼也要遭殃。

但是，這樣的社會畢竟是沒有效率的，因而近代西方工業革命之後，老朽帝國則遠遠被拋擲身後了。

如果極端權力不能世襲化的結果是什麼？那將是權力在位者極端的行為，政策極端的短期化。吳思《潛規則》中講過一個軍閥短期行為的故事，由於軍閥防區定期互換，每個軍閥在本防區內竭澤而漁——因為過兩天就換到別的地方去了。權力如果不能世襲傳承，那麼短期行為將會盛行蔓延——個人利益最大化的效應分析罷了。由於權力不受監控，那麼對於資源可以搜刮無度，也就是竭澤而漁、趕盡殺絕。

二．控制和管束

帝制被我民決絕唾棄，在乎歷來的皇帝沒有受到天賦律法的約束，沒有受到屬靈信仰的約束，孤家寡人，只在乎王爺貝勒等等家族的利益，橫徵暴斂，貪慾無度。皇帝自由意志放任自由，自甘墮落，吃民膏血，毫無顧忌，任人唯親，不辨賢良，百姓困厄，冤屈勞苦，最終百姓毅然決然滅絕家天下的帝制。

西方帝制雖有國王，但是憲法神定，宗教制約，行為言辭，往往拘囿，規矩之內，帝王概莫能外。所謂王和民與神立約之義也。回到小愛文化之中，因為在上的人，愛的是自己；因為愛自己，則需要別人都要順從自己的利益，那麼強化控制就不難理解了。

相反的，給他人自由尊嚴，則愛的是他人。小愛文化中，所有的資源必須存在於權力體系之中。沒有控制資源的權力，就不是權力。不能掌控下屬的官僚，不是好官僚；在上的人，不會懂得給予在下的人自由。不僅有形的資源，便是生育權力，婚姻權力，遷徙權力等等隱形權力，也一度全部抓牢，以控制人身。不僅人身自由的控制強大，甚至於精神領域也需控制，所以儒家立國，君臣父子，綱常禮教，都需要馴化百姓。

帝國社會，上峰必須獲取資源，分配資源，才能達到對其他百姓的控制。在老朽帝國中，權力者要的是服從，而非內心的尊重；掌權者要玩弄權術，掌控下屬，而非正本清源，做良知道德之人。凡事強調個管字，不予人自由。給人自由，往往失去對該人的控制和操控，無論是軍事，經濟，政治還是文化上。

權力階級掠奪資源的方式實在是太多了，首先是萬稅之國，古代稅收負擔桂冠東西，以至於天災之後，往往流民暴增，處理不當，則皇朝易主；其次是各種審批、備案和管理職能，包括腐敗司法、軍隊欺淩等等魚肉百姓，這些是為了更好地控制產業和民眾，獲取灰色收入的良好的途徑；凡是鹽鐵官營的國家，都逃脫不了貪污腐敗的泥潭，如果壟斷經濟不受限制，則逃脫不了經濟崩潰的宿命，逃脫不了國富民窮的威脅。所以，還是原始社會好啊，家天下隨便瞎搞。現在信息時代，交通便利，中國要是倒退返祖，那麼必然會被先進文明徹底打敗。小國落後無人管，大國落後有人分。

任何資源、思想均要受到權力的控制。否則將會被孤立弱化或者摧毀滅亡。

一者，獨立精神和不受控制的力量往往成為統治的隱患。

二者，控制之後帶來的經濟利益卻是非常可觀的，大家都可以明白，審批，配額，執照等等只要敲個圖章的收費，帝國每年多少銀子，多少飯局，花費在這個上面，官員美不勝收。同時，減少外界的接觸，閉關鎖國，都是減少人員離開這個體系的措施。

三者，一旦失去權力中心，就會陷入無窮的混亂，歷史上的軍閥混戰，五胡亂華等等，因為很多人沒有永恆標準，沒有信仰，沒有底線，所以與其在大混亂中倫常綱紀都亂套了，活得連畜牲都不如了，還不如忍受暴君和獨裁。就如被一個人強奸和被一群人輪奸的區別。只能在爛中選稍爛。

如果獨立於權力之外的武裝組織，則為草寇亂党，應該堅決鎮壓，亂刀砍死，哪怕是救濟窮人，鏟滅貪腐的英雄，當年紅朝不是被稱為「共匪」？如果思想特立獨行、孤立絕世，那麼則被「主流」視為洪水猛獸、異端邪說，不僅遭到打壓，流傳越發式微，肉體上也不免被消滅。這就是帝國歷代思想家都要搬出孔子作為師尊的原因，即使想要創新，也要披上守古典則的外衣。而古代一個傳統就是「保守派」將偉大的預言家、思想家或者救國救民者推向斷頭臺，而民眾歡呼雀躍，大呼過癮。

即使是權力不容易控制的一切事物，如遠洋業、高科技事業、武器研究、民間組織等等一旦挑戰或者不易為權力控制的一切，都將遭到毀滅或抑制。歷史上，明朝有禁武令、清朝有鎖國令（防止遠洋貿易，海盜，中外溝通）、文字獄、因言獲罪甚至焚書坑儒不計其數，一些無知的歷史學家讚歎康熙喜歡數學天文，代表了帝國統治者愛好科技、開明心胸的狀態。試問，這些科技皇帝會讓老百姓擺弄嗎？

再說，科技是貴族的遊戲，老百姓果腹充饑尚且忙碌，又有何精力探索未知呢？如果說，自然科學中研究的規律，皇帝還是更容易接受的；在社會領域，那簡直是絕對落後的，意識形態方面的經典基本上都是皇帝的講話，其他疑似文學家、哲學家要做的事情就是證明其正確，怎麼可能有創新可言。

總之，權力可以控制的，那麼就是「合法的」，越是容易控制，沒有攻擊性的，就越會受到提倡，如瓷器、絲綢等等；越是具有獨立性、具有攻擊性的器物思想（培養順民社會、愚民社會的威脅），則遭到打壓，甚至退出歷史舞臺。而所謂成功的官員無非是控制局面良好而已，而高升的官員無非追求更多的控制罷了。

過度的限制無疑遏制了一些高科技行業、具有創新性行業以及一切不被權力控制的普及和發展（具有獨創性的出版物），包括思想的進步、智商的提高、品味的提升、冒險精神的孕育。所以古代歷來都是反智的文明，閉關鎖國，文字獄，大搞訓詁學；歷來是和稀泥國家，渾渾噩噩，慢條斯理，死水一潭，老氣橫秋。其實科技力量長期進步背後需要強大的精神力量和文化內核。所以，中華民族的四大發明和百家爭鳴之後，將科技和思想都服務於統治，最終導致的結果卻是民族和人民的落後和愚昧，也是最為諷刺的事情了。

而百姓的思想也慢慢腐化，日常忙碌的為權錢在打拼，挑戰精神、創造精神和冒險精神漸漸絕跡，局囿於藩籬之間，事必遵古，行必符經，不做出頭鳥，不特立獨行，不與眾不同，家醜不可外揚，不隨便發表意見，懂得厚黑，懂得潛規則，因而帝國自「四大發明」（據說造紙術古代中東非洲也有）後，對於人類科技文明貢獻幾近滅絕；這不僅是古代民眾麻木混沌，實則也是暴力中心的詭計得逞而已。

而很多人日思夜想的產業革命，也只是水中花月而已。例如明朝的資本主義萌芽。資本主義萌芽及升級，需要創新，分工協作專業化，企業收入增加，透明高效廉潔的監管體系，不斷進步的管理水平等等；而帝國的強項在於控制思想，因循守舊，驕奢淫逸，醉生夢死，在於偷竊拷貝，在於剝削忽悠，這些用在升級上似乎沒有什麼作用。

高度發展的資本主義，對於權力在手的帝國來說，只能是個必須消滅的威脅，因為資源必須按照權力優先進行分配，而非市場優先。因而控制和管制之下，不會有長久的科技進步、產業升級、思想解放以及創新領域。因而甲午海戰結果顯示，帝國的洋務運動和明治維新的成果相比，簡直不能直視。改革開放的成功，無非放鬆管制，放權於民，美國大哥拉我們一把而已。奈何時至今日，還有些官府依然管字當先，無非愛己而已。

當然，誰在那個位置上作出的選擇都會這樣，因為放鬆其他家族，任其發展，不就造成了自己的威脅嗎？凡是在家天下、官本位的小愛此生無法失真的文明裡面，就不要想著世界上的優秀模式了。人家給你吃飽飯，穿暖衣，已經算是非常好的胸懷了。換句話說，換了是你，會有改變嗎？說不定你比人家做的更差！

三．律法與法律的區別

沒有靈魂，沒有精神律（道德律）的國度，那麼權力者的話語自然成為法律。權力者是自私的，那麼律法就會形成他人的枷鎖，遭到嫉恨，一旦監管存在空白，混亂就會來襲；權力者是在上的，一旦淩駕於法律之上，形成不公的待遇，他人一旦可以逃避，那麼混亂就會來襲。如果一個人信仰精神律存在且永恆不變，那麼精神律就是公義而正義的法官，賞罰分明。

而信仰，道德律，法制等等一脉相承。因為信了精神律，才會有之後的道德律，法制。之後，人的行為才展現德行、愛心與一致性。即先有信仰，才有行為。而且凡是信仰，一定會是知行合一；沒有信仰，也會知行合一，因為沒有信仰也是信仰的一種。

但是某些學者指出，從建立法制開始，求道德律，再求社會信仰，那種功利的思想，是永遠不會有永恆長久的規則的。就如只有放棄權錢迷戀，建立靈魂信仰，才能形成公義美好的生命；如果先拼命賺錢，求官求財，然後建立社會道德良知，那只是鏡花水月，海市蜃樓罷

了；只是建了再拆，拆了再建，思想混亂，莫衷一是，任意而為。隨後則是混亂的行為，荒唐的社會習俗，以及荒漠般的歷史沉澱。所謂倉廩足而知禮，簡直是天方夜譚。信仰才是第一位的，才是根本性的，超越理性和感性，統治理性和感性！

任何以人的角度為出發點的法律，往往是保障自身以及家庭親友、甚至是小團體利益為出發點的，他的法律與其說帶來一致性，還不如說是對於被奴役階級的鎖鏈和束縛。

法律代表統治階級的意志，實在是真知灼見。很多所謂律法，統治階層從來是不屑遵守的，所謂刑不上大夫也，更庸提皇親國戚了；而百姓自然視之為枷鎖和累贅，一有機會就會躲避違背。

所以，古代帝國的所謂秩序往往都是強制暴力下的結果，因為沒有律法概念的民族，永遠都是混亂的民族。沒有了律法概念，只能依靠暴力為根本保障。因為，有上峰時，上面說了算；沒有上峰時，自己說了算。無論紅燈綠燈，我直接穿過去，這樣對我最有利。本質上，很多人內心深處是無法無天，唯我獨尊的。而目前的遵守，只是由於暴力壓制的原因。

因而，在個人利益，家庭利益，團隊利益，民族利益為出發點的這些規則上，不以每個人內心的罪為判定的標準，那麼不公對待而受到迫害的其他人，其他家庭，其他部門，其他國家，就會抗拒這種規則。因而這種規則本身部分或者整體是不義的。

只有符合真理的話語，不會因任何人而改變——不會因人對著太陽咆哮，而改變太陽的規律和軌道。比如殺人償命的法律在歷代眾民眾中都被遵守。

帝國政策朝令夕改的程度，部門之間相互矛盾的法律，以及上峰意志淩駕於法律之上，潛規則橫行，以及民眾對於法律的不信任態度，一有機會就會逃避和抗拒的態度，各種送禮找人情挖法律墻角，否認規則的合理性和效力，讓大家領略到沒有永恆律法國度規則的效力，正如「黑頭不如紅頭，紅頭不如筆頭，筆頭不如口頭」。

反過來說，帝國的律法不可能是道德律。遵守道德律就要尊重規則，往往犧牲權貴者的利益，約束自己的慾望，來為社會他人，特別保障弱勢群體的權益。道德往往是違背個人利益最大化原則的。

在唯利是圖的社會中，沒有好處的事情，誰會幹呢？人們的尊重值幾個錢？我死後，這些名譽和道德，與我有何意義？我的淫亂和貪腐，有誰可以約束？所以，中國很多的法律有時候居然有些偏袒犯罪分子也不難理解了。

反過來說，斯大林如果仁慈些，那麼他在生前會這麼濫殺無辜嗎？可惜，我死後萬事皆消失。所以美國高院大法官宣誓時，強調法律執行無論是對富人還是對窮人都一樣，這樣才有公平公義的前提。

道德標準一般很難建立，即使像儒家那樣，以仁義為抽象價值標準，最後，還是在仁義牌坊的背後，墮落腐化，限於表裡不一的虛偽，最終還是失敗於權錢的誘惑之下。

沒有永恆的生命觀，沒有律法天賦觀，沒有博愛的信念，沒有真實的信念，道德是山坡，上去越來越難，而下來越來越容易。沒有信仰維度的支撐，道德是很難堅持的。就如明朝那麼多錚錚鐵骨的仕子，最後又是多少人投身於清朝的麾下。

再退一步，假設古代帝國是一個以道德為衡量標準的國家，那麼整天有人指責官員腐敗，天天有人為民請命；老百姓一犯錯，就有人馬上批評，大家為了道德純潔上街遊行。這個，皇帝會同意嗎？百姓會答應嗎？沒有懺悔意識的民族，永遠只會對別人指手畫腳，而不會將道德的枷鎖套在自己的脖頸上。對於不信精神律的民族，道德律只是對自身的枷鎖，對他人的要求。

四. 人治社會

權錢社會中，人代替了神的位置，就面臨了人治。否認了神，人的話語才能成為律法。否認了神，人才能掌管權柄，濫用自己的自由意志，創造出似神的人，遠的如各代的帝王，而近的如某位知名的末代皇帝。當人被神一樣膜拜，他就被抬高到他不配的地步。當人佔據了完美的神的位置，即使那人有些微的不完美，他的話語被群氓嚴格執行的話，也將釀成大禍。喜歡暴君的人還有許多，雖然讓人難以理解，但是他們的感情是真摯的，因為至少在他手裡，他們獲取了財富與地位，獲取了尊嚴和滿足，哪管多少其他無關的人陪葬。給他錢的人才是好人，讓他出人頭地的人就是好人，哪怕這些錢，這些地位是站在累累白骨上面，是由罪孽造成的。

在人治社會中，規則、標準以及一切普遍意義的東西將變得毫無意義，沒有了永恆真理之類的東西，則「無常」兩字成為典型的特徵。即使是潛規則，也不是一定的，凡事在於命運，上方的喜怒哀樂別人又能怎麼猜呢？即使最得寵的太監，一旦觸怒龍顏，也是悲涼下場；即使再貼心的妃子，偶爾有違聖恩，也被打入冷宮。很多人喜歡講天命，大概也是慨嘆世事無常吧。法律靠不住、良心靠不住、制度靠不住，無依無靠，浮水流萍一般，此時緊緊抓住的就是不變的「金錢和權力」、「血緣和家庭」。

法律、行業標準在老朽帝國，就跟權力高位的個人觀點是同義詞。因為人是會變的，人也是會死的。人對同一事物的愛好、對一情況的觀點是會變的，不管是心境的差異，利益的糾葛，還是失誤的判斷。因而，個人的心思變化帶來了下屬面臨的未知和不確定性。我們在文藝界也經常看到，一些上了年紀的人開始對自己年輕時候的作品思想開始口誅筆伐，誓與劃清界限。且面對多樣的世界，個人無法對所有事物有明確的觀點。所以，沒有認識恆久精神律，人便落入了神學家奧古斯丁曾描述的「地上之國總無常」。

同時，大清所有的規則可以說都是相當完備的，甚至超越西方社會。一方面，皇帝心意變化，法律產生重大變更；再往下，大臣與西方比較往往缺乏學養和實踐

經驗，利益糾葛也較複雜，所以法律的制定往往靠拍腦袋，不考慮實際以及歷史經驗；也缺乏一定協商機制，許多衙門之間制定的法律也是互不干涉，各自為政，互相矛盾，實際嚴格執行絕對禍國殃民。另一方面，牌坊社會，嘴上說的當然比誰都好聽，法律制定大而無當，生搬硬套，選擇性使用和解讀條款，煞是嚇人。反過來說，即使法律制定嚴密合理，但是判案的法官徇私枉法，不僅是專業欠缺，而且是法制精神缺乏，那也無濟於事。即使上述問題都已解決，但是民眾、衙役等等均普遍謊話連篇，假見證遍地，時不時搞些屈打成招，京師攔轎，法制社會還是很難建立。

做壞一件事情，一個環節出錯就行；而要幹好一件事情，所有環節都要做好。人轉眼之間就可以推翻自己的承諾，而且衙門也可以睜眼說瞎話，歷史不鮮見。所以，在帝國，真正起作用的是皇帝的話語而非規則、法律或者民意。當規則和皇帝的話語一致時，規則是有效的；當兩者不一致時，聽皇帝的。皇帝說行就行，不行也行。而且皇帝今天說的比昨天說的更加有效。比如古代帝國的晉升制度很多的清規戒律，但是只要皇帝同意，隨便造假，隨便破格。潛規則效力大於明規則。這也是為何中國社會一定要強調中國特色的原因，這也是中國社會一直抗拒普世價值的原因。如果真理進來了，那些貪官污吏、獨裁家族，他們的利益如何保障？他們的意志如何暢通無阻呢？真理是不允許不公的，真理也不允許貪戀權力，貪戀財富，真理也不會容忍欺騙。正所謂光來到世界，世界卻不接受光。

在人治社會中，要想獲取價值，首先是權力者的認定，即當你自己的價值觀念在沒有得到權力的支持時，你只能追求權力者的價值體系。比如，皇帝說你行，你就行，說你不行，就不行。那麼領導看重什麼，你就要努力迎合。第二，當你自己成為主宰或者擁有個人選擇自由時，你就會將自己的價值觀念發揮到極致，即「我說了算」。不管你懂不懂，是不是行家，正確與否，你的話都將成為行為規範。所以，有上峰時，上峰說了算；沒有上峰時，自己說了算。要知道，帝國有千萬個上峰，而同時又有千萬個下級。權錢思維下，如何獲取權錢的途徑，或者成功地重要條件，卻是千差萬別，沒人能夠知道。有時撒謊是應該的，有時需要厚黑，有時需要殘忍，有時需要和氣，沒有定時也沒有定律。即使一時成功，也很快灰飛煙滅，所謂三十年河東，三十年河西。標準一直在變，就如「活著」這部電影中記錄的那個故事，土改時的富農是何其痛苦，誰想到致富會招致如此厄運？

五．等級制度

權力既能行善也能為惡，就像菜刀既能做菜也能砍人。但是古代帝國的價值觀是家族和血緣利益至上，那麼權力也只是謀求私利的工具，這樣，特權家庭和權貴經濟的形成就毫不奇怪。權力成了謀求私利、彰顯榮耀的利器，實際上的等級社會也就形成。當然自漢代起，中華世界觀就是「五服」，也只是為了區分蠻族和漢族的等級罷了。就如現在中國的退休金制度，區分了離休幹部、體制內幹部、企事業員工和農民社保等等幾類，中國社會的等級制度是不會消亡的，只是換個馬甲而已。日光之下無新事，因為信仰不變，行為不會變。

由於權力的單向性，區別對待成了日常，也使得帝國絕大多數老百姓成了「奴隸」。社會形成了不同的階層，有些有更多的特權，而有些有更多的義務。權力不平等下，擁有特權的就是貴族，擁有劣權的就是奴隸。古有刑不上大夫的美談，近有退官免職再起複用之潛規。不論這些奴隸稱為群眾還是榮民，凡是你做了就進牢獄，他做了卻逍遙法外，你就是真正的奴隸，他就是真正的主人。即制定規則的是特權者，破壞規則的也是特權者，而約束的是小老百姓。在官僚看來只是一些任下的屁民，在皇帝看來則是一群愚蠢的奴才。所以帝國的官員對待治下的百姓，是極端蔑視的。他們是高高在上的一群；上峰官僚對待下層官僚，也是極其輕視的，下屬就是頤指氣使的對象而已。所以香港目前貌似官威慢慢起來了，逐步褪去了「西方腐朽主義的虛偽親民態度」。

除了金字塔最高層上的皇帝享有無上的人的尊嚴，其他萬千的官民則處於身份相對的狀態，要在上下級之間轉換遊刃有餘，那麼就是功夫到家了。對上要裝孫子，對下要裝款爺，前倨後恭，陰晴榮枯應時而變。因為正確和律法掌握在上方，而下方則主要承擔義務和苦難。

另一方面，等級制度的觀念深入人心，那麼上方的貪腐是可以理解的，因為位高者自然權重，權重者自然利多，利多者自然生活豪奢；而平民的苦難也是應該的，因為低賤者自然貧困，高位者壓迫低位者，那豈不是天經地義的事情嗎？帝都的孩子擁有香車寶馬；而偏遠山區的孩子在吃鹽巴的午餐，在走十里的山路，這也豈不是天經地義的嗎？就如在黑牢中，貪腐下馬的貪官也是按照入獄前的職位進行排座，等級觀念之深，讓人驚訝。

官僚在草民前，受到的約束較小，由於權力面前強弱立顯，草民則只能處於受害者或者奉獻者一方，忍受屈辱悲傷。官僚殺人而被抓，往往歷經煩瑣，最後不了了之。即使伏法，往往也不是小民的勝利，而是官僚互相傾扎的後果。大人讓小人做事，那是趕緊趕早保質保量；反之小民要是不懂事理招惹了袞袞諸公，輕則遭罰受辱，重則破家滅門。侵犯了大人，那衙役行動迅速，辦案及時，完全沒有平時小民報案時那樣的推脫遲緩的狀態，就如一只大熊貓突然變成小松鼠。

同樣，要讓大人擔待提携一下，小人要笑臉陪盡好話說盡，說不定還不見待。同理，在皇帝面前，官僚成了弱勢，應任由皇帝魚肉淩辱。這樣，因為上頭的人權力大而義務小，老百姓義務大而權力小，政治上的不平等，帶來的是經濟上的不平等。該種情況下，政治基礎決定了經濟基礎。

古代和現在的官員幾乎都成了當地的富裕階層。皇家後代佔領了利潤的高地與源頭，衙門巡撫搶佔著大河與主幹，溪流和支流由著小民折騰。

首先，當地的稅收的支配權在這些官員手上。通過衙門項目支出，如基建，衙門採購等途徑，慢慢流入私人腰包。其次，就是攤派權，即用行政權力的威脅性，通過各種形式，如孝敬，年末的送禮，婚宴喜事等等，進行各種形式的索賄受賄。再次，就是壟斷權，比如好的幼兒園，一般人想要進去，就要付出成本。就如現在的房地產業，本質上是一個稅收工具而已，幾堵墻設計的鋼筋水泥，真的值幾個錢嗎？就是剝削工具而已。

官員們實現了人生價值，不過是建立在摧毀其他人價值的基礎上的。現在的基建大國，房地產支柱產業，無非就是搜刮民脂民膏，然後通過土地、基建，在各地各方的幾大家庭中進行利益分配而已。

六.社會的差異與分化

在權力上的高低貴賤就是等級，在金錢上的笑貧不笑娼也是勢利。古代帝國官僚體制社會中，等級制或者類似等級制的制度必須得到嚴格強化。而權力的大小往往伴隨資源掌控能力的大小，因而，權力等級形成了社會分層。不同的農民、商人、工人、官僚、官商等階級形成了。等級制也有效減少不同層級之間的溝通和相互瞭解尊重。因而等級制度，可以有效分化人。讓同一家鄉的人，從小一起長大的人不能團結。或者說一個等級壓迫另外一個等級，成為固化後，形成了帝國的禮制。或者說帝國的禮制進一步強化或者促進了國中社會等級的區分和固化。就如現在中國人當了處長局長之後，彷彿變了個人似的。

但當人民窮惡已極，那麼揭竿而起，一個底層階級反抗另外的統治階級，這樣的階級循環，歷朝歷代在不斷上演。微觀上，貧苦者不斷努力往上爬，下層努力脫離農民，成為官僚；而官僚魚肉下屬與鄉民。但國中太多的民眾流入底層，則陷入叛逆和反抗，所謂流民之災；

而太多的人進入官僚，又會造成官貪民虐，國庫空虛。可見平衡是如此之難，這樣，你鬥我，我鬥你，一個階級鬥另外一個階級，好不熱鬧。

古代官腔或者官威的表現不在於為國為民做了多少實事，而是減少溝通，加大距離，保持威嚴的神秘。同時通過走狗的不斷叫囂和文妓的愚民，讓威嚴深入人心，同時對任何反抗和不尊，大開殺戮。因而皇帝都需要深宮大院，來維持與其他人的距離，保持區別。

同樣，等級制另一個有趣的現象在於，在權力的金字塔下，只要不是處於社會的最底層，即使自己大多數情況下處於被剝削壓迫的待遇，只要有比自己更低層的人士，那麼他也可以忍受。一方面，他是高等級權力者的俎上之肉，飽受屈辱；另一方面，當面對比他更低等更多的民眾時，他又會擺出一副老爺樣，享受做爺們的感覺。這樣，你能相信長工和地主聯合起來反對鎮長嗎？

當然，從另一個角度看，等級制是維繫壟斷權力的必然，因為在最高長官看不慣下級官僚時，那就是一巴掌拍死的事情，因為古代每個級別的官員的倒臺，除非嫡系受損，其他大部分下級官僚基本上是竊喜的，等級制使得每個等級都是孤立無援的，只能等待權力最高者的命令。士農工商、職業歧視都是餘毒。

而平日裡的攀比心理，是獲取人生意義的一種手段。大家一起吃飯，就開始比誰當的官大，誰的能量大，誰掙的錢多，比來比去，為的就是證明自己比別人活得有價值？要知道，人的價值本來就不應該是權錢，而很多人獲取權錢的途徑又是如此混亂，自然得不到普遍的認同，這樣只要一比，就會給人造成傷害，而自己也會被別人亂鄙視、嘲笑、奚落沒學歷，或者沒兒子，或者老公有外遇，或者禿頭，互害就又開始了。

很多人一方面極其厭惡自己遭到屈辱，卻永遠不曾想到，等級制除了最高層的皇帝，其他人都面臨遭到屈辱和人格低賤的危險現實。同時，皇帝要時時刻刻提防自己被踢下馬。即只要一人不得自由，其他人都將是奴隸之意義。所以孔乙己自己可憐可嘆，但是對於小尼姑和小農民這些他認為比他地位低的人，也要擺出一副嘴臉。這樣，一個社會的就很難產生跨越階層的全面動亂，也造成了很多人的變態心理。

首先，等級制讓大多數人無法團結；團結是力量，但是通過信仰達到團結才美好。權錢團結起來的，是土匪和強盜。此外，等級制只讓最底層的人最痛苦，承擔人世間最大的困苦。由於痛苦、悲傷和失敗只是相對的，因而只要不是處於權力階層最低的那些階層，雖然平時龜孫子當慣了，權益被侵害，但是面對社會最底層的心理優勢，他們還是某種意義上的成功者。因而一旦帝國碰到災荒困厄，權力最上層馬上將負擔轉移至下層，下層轉移至再下層，直至最底層。因而即使被壓得喘不過氣來，但是，只要不是最底層，老朽帝國很多人還是可以忍受，不會反思，更不會反抗。

而帝國歷來的最底層無疑是全世界最悲慘的。吃的是草，擠的是奶。在帝國繁榮時，混個溫飽，買到的是最差的產品和服務，享受的是白眼和歧視；帝國困厄時，則承受了失業的負擔，兵役的責任，損失的負擔以及絕大部分的壓力。當然，如果帝國的統治者失敗，讓最底層以上的一些階層也感覺活不下去了，或者更多人滑落到赤貧，那麼暴動和革命就開始了。所以，興百姓苦，亡百姓苦。所以帝國的等級制度永遠是不穩定的，因為他的根基不穩定。帝國的每一層上峰不是服務型的，而是壓榨型的，他們不是帶來下層的價值，而更多是毀滅下層的價值。

嚴酷的權力層級導致了社會在權力階梯上的分層；所以，帝國很少有真正的友誼，更多的是主人和奴僕關係；只有在平等的環境下才能孕育真正的友誼，而個人的生殺予奪、榮辱命達操之人手，而自己少有反制力，只能言聽計從，賠笑蜜語，哪有友情產生！就如社會上三種友誼說「一起同過窗、一起扛過槍、一起嫖過娼」。一些幼時的玩伴，書院的同窗，又因為官位的大小而成陌路，或者卑躬屈膝。即使雙方地位是平等的，心胸是開闊的，往往也由於相互競爭上方的垂青而互有軒輊、心存芥蒂。日常中，當官在位時前呼後擁，好不威風，而失去權位後，卻是門可羅雀，無人搭理，也是帝國等級制之禍害，殘害人與人之間感情的元兇。

等級制減少了社會的流動，並減少了社會流動的效率。如果是世襲制的等級制度（相當於壟斷的制度），那麼對社會效率的損害就更大。比如古代印度的姓氏制度，貽害至今不絕。一個人努力工作，積極創造價值，那麼本該可以改變自己的生活和命運。

但等級制的存在，使得努力的工作成果主要成為別人的戰利品。或者說，工作效率高、才能更好的人由於等級底下，而無法發揮作用，愚蠢的人因為出身好，或者有個好老爸，而位居要職，卻毫無建樹，這樣就是資源的天量浪費。而命定的等級也注定了底層人士悲苦的一生。因而等級制抑制了個人的生產積極性，也減少了社會底層改變命運所釋放出的巨大創造力。改革開放的成功，一定程度上得益於資源的全流通。城鄉的制度性隔離取消，官民的差異減少，使得社會生產力大幅提高。

七．權威與主流

信仰和真理的真空，必須要填滿。不然人民心中就會疑惑，對於皇帝不利。由於皇帝需要子民絕對服從，那麼須證明皇帝絕對正確。

一者皇帝聲稱自己絕對正確，對質疑之聲大開殺戒；一方面，即使弄得禍國殃民，萬人玉碎，也要讓無辜的大臣背黑鍋，自己則有錯不改，還頑固地佯裝正確。社會必須有主流，思想必有典則。凡是合於上面的，就是主流；凡是真實直言的，就是支流，不入流。所以，真正的專家、專業水平都是垃圾，因為他們要做的、真正到位的，是叼盤水平到位。

一方面，對於任何質疑皇帝人品、能力、行事的，都將會被掩蓋、牽制和打壓。帝國的思想家基本上都是很多人自己毀滅的，因為不符合皇帝最高的利益。越有個性，越有獨立的思想，就越可能與皇帝產生偏差，且偏差可能越大；越沒人性、越是愚蠢、越是能放低身段做奴才、越是腐朽的人，只要做好應聲蟲、只要做好屠夫的工作，那麼就越可能受重用、受賞識，升官發財。

這就是逆向淘汰，負的績效考核制度。長久以來逆向淘汰嚴重，以醜為美成為行為範式，老氣橫秋、欺詐虛偽等等違背世間公理的行為被民眾廣泛的理解和遵守，也是令人唏噓。

在帝國，獨立思想者基本會被打成異端，遭到剿滅；平時拂逆權貴，蔑視聖上的，輕者庭杖、重者發配。即使皇帝的愚蠢決策為天下笑，臣子也極盡掩蓋恭維之能事。被異族擄走，號稱北狩。所以，行正品善之人，據實而言，量力而行，反而觸怒龍顏，下場淒慘；指鹿為馬，知白守黑，韜光守晦者，反而獲寵得勢，光耀鄉里。就如為了事實頂撞皇帝，與看見皇帝嫖娼，幫他藏好，兩種人物在帝國的境遇，自然是天壤之別。

什麼是文化，其中一種解釋是什麼樣的人能夠在這個社會中混個模樣出來。所以帝國的逆向淘汰制使得醜惡的人容易升官發財，而品性高潔之人反而更容易落魄。特別在皇帝說錯話、做錯事的時候，更應該山呼萬歲，大叫英明，才能升官發財、見重得用；更別提平日的肉麻文章和噁心拍馬了。而皇帝不停慨嘆自己身邊都是應聲蟲，聽不到真話，宣揚講真話，講實話，也是裝無極限；反過來說，哪個大臣信以為真，那是要倒楣了。

所以，指鹿為馬才在這個神奇的歷史悠久的國家，作為人力考核的重大技巧，傳頌至今！堂堂朝堂，居然用馬匪投名狀方式，也恰恰證明了軍閥所稱，自古兵匪一家之真知灼見。所以，由於主流和權威的需要，一方面證明主上正確，一方面出了人禍轉移原因，毀滅了專家的信譽。說實話，除了自己的家人親友，還能信誰呢？

換句話說，對大多數人來說，帝國沒有一個經濟學家，沒有一個官僚，沒有一個醫生，因為他們不是你的家人，他們只是禍害你的幫兇和走狗。同時，皇帝駕鶴西去，新的主流權威就又產生了。

八．強調秩序和順序

帝國的權力分配制度下，造成的效果是這樣的，作為權力頂峰的皇帝代表了最大的智慧、財富、能力等人類一切偉大的創造。倒並不是皇帝不是人，具有非凡的能力，而是極端權力帶來的極端收益（普天之下莫非王土）和極端地位（萬歲英明永遠正確）造成的。

在皇帝面前，所有子民都得謙虛，愚臣的亂叫；在大人面前，所有的屁民都得謙虛，小民的苦訴。功高震主歷來是文臣武將的大忌。如果大臣的能力比上峰強，那麼他就要隱藏，而且要避免猜忌。級別高的一定比級別低的至少在能力和經驗上要更強，即使實際情況不如此。

因為在古代帝國這個體制中，皇帝最聰明、最有錢對這個系統來說是最穩定的，至少大家表面上也要演出來。在財富積累方面，級別高的一定比級別低的多。

上天給與個人的稟賦不一，因而個人的財富比上峰多，大臣的智慧比皇帝高，是客觀的，普遍的和常態的。

因而帝國的文化基因中就必然留存著遮蓋、掩飾和低調——藏好自己的爪牙。在下的要裝窮，靠演技；在上的人要裝牛，也要靠演技。當然上峰實在太少，所以社會普遍的強大文化傳承就是低調。

君無戲言的另一面是皇帝是永遠正確的。以前皇帝錯殺了一人，底下一群臣子山呼「萬歲英明」。蒙田也說「即使我們的蠢貨皇帝，我們也會對他歌功頌德」；那個明朝的民族大英雄袁崇煥不就是被崇禎淩遲的嗎？老百姓不是搶著買他這個「投敵賣國的漢奸」的肉吃嗎？不僅是皇帝與官宦之間、官宦與百姓之間，就是上下級的官僚之間，也是如此。

官大一級壓死人，所以說除了皇帝，其他人都處於相對的地位，而權力是其度量。權力的上方一副嘴臉，而受到權力約束的下方，則體現了道德和溫順。

權力的單向性也讓很多人的社會關係呈現單向性，話語權的單向性，決定權的單向性。即奴隸與主人的關係，主人的一切都是正確的，奴隸的一切都是錯誤的，奴隸的勞動成果需要向主人上繳，而主人將自己的殘羹剩炙賞賜奴隸。要麼你聽我的，要麼我聽你的，聽誰的主要決定權在於權力掌握在誰手裡。秩序不可僭越，僭越的後果是嚴重的。

權力領域中，定位置，排名字是門大學問。由於權力分配的原因，社會資源必須嚴格按照金字塔權力體系分配，呈倒金字塔型。不然則不符合社會倫常，要遭大難：即資源要與擁有的權力成比例。且權力先於資源，對資源具有決定性，有權力，必然有資源；但有資源，不一定有權力。

任何不分彼此你我，有違家國天下傳統的分配方式，比如為了民族整體利益而保護環境，而提高勞工福利，而增進法制和廉潔，都會破壞家族和小團體利益而被否決。

社會的智慧和能力只能由權力等級來核定，至少表現形式上，比如帝國的指導思想，一般就是皇帝的高見。一旦有違權力分配體系的異物，那麼上峰的充公，各種官僚的克拿卡要，最終下方的財富就要煙消雲散。

一旦特立獨行，恃才傲物，蔑視上方，提出違反今上的學說，則遠貶他鄉，盡穿小鞋。所以能力太強的權臣往往不得好死，而渾渾噩噩窩囊透頂的官僚卻能善終養老（哪怕是裝作窩囊廢）。

所以，帝國的資源配置效率是十分差的，正確是由權力的大小決定，而非事實能力和真理；財富是由權力的大小決定的，而非勤勞、智慧和勇氣；職位是由權力的大小指派的，而非德行、善良和廉潔；企業的榮枯是由權力決定的，而非消費者和企業家決定的。

有錢就是爺，可以說趾高氣揚的都是皇宮大臣，公主貝勒；辛勤勞作的都是老農丫鬟、販夫走卒；或者說，趾高氣昂的都是些垃圾；真正創造價值的人反而是那些卑躬屈膝的人。或者說，有競爭力的都是底層基層的那些民眾，吃苦耐勞；而最沒有競爭力的就是那些尸位素餐、高高在上的袞袞諸公。想起過去的老調「歷史人民創造的，而不是帝王將相」，也是近代的認識。

可惜的是，老百姓的指望就是不要勞作，作為衙內，不幹活拿錢。衙內的想法就是把權力延續，流傳香火，直至萬代。

看看大英帝國的貴族做的事情，再看看帝國古代所謂「貴族」，反倒是應了演員葛優那句「噁心，噁心，太特媽的噁心了」。

記得看羅馬帝國衰亡史中，也談到很多底層百姓供養了一個白痴的宮廷貴族階層，那些不勞而食的東西也是國家衰敗的原因。其實秩序和順從是應該的，關鍵我們要順從真理。問題是，在上的皇帝是否值得順從，所行所為是否公義。

九．比傻帝國

帝國往往缺少選賢任能的能力，因為掌權者的自私，使得近親和外戚攫取權力的快速通道，而在這個體系中，與皇帝關係的遠近成了衡量標準。

一方面，掌權者眼界和能力局限，他們無法聽懂高超的見解、無法理解先進的理念，嚴重依賴於近臣和親屬的推薦。

一方面，金字塔的社會結構下，嫉賢妒能成了各級官僚的拿手好戲。因而貴族弟子更容易顯山露水，因為打壓他們，等於打壓在上的掌權者；而寒門子弟，往往被打壓排擠。而要想得到鯉魚翻身，一定要鋒芒掩蓋，謙虛低調，尚有希望。因而，門閥制度下，形成了拼爹的格局。即使是西遊記裡面的妖精，也要比拼後臺。

門閥和貴戚制度下，同姓諸侯之亂，外戚干政風波，成為歷史殷鑒，各朝各代都有所提防。近親繁殖，尾大不掉，外戚干政，毒殺本枝，反正好事不多，壞事不少。

特權帶來的是腐敗和墮落，絕對權力絕對腐敗。這

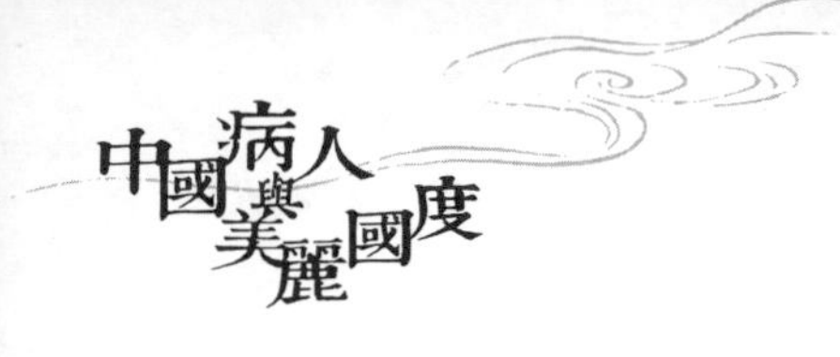

些特權者包括資格老的，皇帝的近親和愛臣。那麼他們將首先被歷史趨勢和科技發展淘汰，他們往往又掌握了權力，緊緊抓住權力，任用庸腐，任人唯親，打壓異己，構陷同僚，時時爭權奪利，統治整個社會，那麼整個管理系統就產生了落後指揮先進、車夫拉馬的現象。

並且上層熱心鬥爭，熱心放縱慾望，慢慢也與世界潮流和發展趨勢越行越遠，慢慢也失去了聽懂真理，聽懂才能，聽懂道德的話語的能力，物以類聚，人以群分，漸漸奸臣逆臣佔據高位主流了。因而近代中國的重大機遇時機和歷史時點的決策幾乎全部錯誤。由於家天下和權錢統治邏輯，中國社會喪失了進入現代社會的多次契機。

皇帝代表著極端正確，代表著神聖的經典，才能要求子民極端服從。無獨有偶，下級對上峰必須言聽計從。

由於沒有競爭機制，個人成績的好壞也只是皇帝個人的意見。因而對於絕對服從的下級，自然面臨升官發財的境地；而凡事以事實為準則、以道理為本心的傻帽，就不免危險了。同時，絕對權力絕對腐敗。

由於皇帝代表的絕對正確，社會監督力量的式微，所以帝國的糾錯機制基本低效。錯誤的命令，除非弄得民不聊生、盜賊滿山，臣子都大叫英明；另一方面，就是下方民眾的個性自由泯滅。皇帝的喜惡即是下方百官萬民的喜惡的標準。那麼民眾的真實想法、個性自由又怎麼保障和充分發揮呢？

如果一個不堪的成了皇帝，不可否認古代很多皇帝的能力是與責任不能匹配的，整個帝國就是個愚國。而現代理論也提出，一般上峰總會被提拔到他能力不濟的職位，即在位者大都平庸的現象。

想想帝國歷來多少愚蠢的政策就可以知道了。一個地方官僚是愚官，整個地方就是愚地。因為，最後因為蠢貨的政策必將影響到所屬國度和百姓的物質和精神生活（兩者不應兩分）。當一個帝國並不由精英之人和道德高尚之士導引，而由權力巔峰之人決斷，些許小民之浮萍命運，就更加多舛坎坷。

當一國的財富集中在少數位高權重者之手，那麼財富將大概率被浪費且無益於民眾福祉。當決策的機會集中於皇帝，那麼天下才能之士將大概率被浪費且皇帝的愚蠢將造成萬民的殘害。將熊熊一窩！而古代中國好皇帝是小概率事件。

而皇帝的力量被急劇誇大也是老朽帝國的特有文化。由於權力集中導致資源集中，沒有競爭沒有參照比較的對象，且不受監督、權力的單向性等等，無形中成倍地虛誇了縣衙大官的作用、能力和智商。

凡事做成了，那都是皇親國戚關心照顧玉成；凡是吃了敗仗，失了城池，那都是領軍將士驕橫剛愎，板子打在下面，或者嫁禍天災。其實，很多做事情的永遠是底下人，功勞都是上面的，錯誤才會留給下面的人。

帝國統治者很容易缺乏高瞻遠矚的能力。沒有競爭，沒有進步動力。反正我爸是親王，誰敢惹我？我爸是親王，我為什麼要讀書？已經有錢有權，不用進步；下面都是應聲蟲，不用進步；已經到了一定級別，年齡也大，還是應該享受下；工作內容沒有挑戰，廢掉了武功；衙門什麼都要管，結果什麼也管不好；上面規則經常變換，理都來不及理，還不如放給下面；上方喜歡聽戲，研究下；最近的人事標準又要變了，趕緊學習；有學術良心的人，都沒聲音了，或者在牢房；秘書和下屬這般姿色，呵護一下；做了錯事，大家都在表揚，那麼將錯就錯；上峰太正直，下面的人活得苦；皇帝太精明，下面的人活得累；要成為學富五車的人難，而要做到驕奢淫逸則簡單。

世界潮流，浩浩蕩蕩，順之則昌，逆之則亡。科技文明，日新月異，逆水行舟，不進則退。在權力這座金字塔中，所有的權威、正確和標準集中在了頂端。而所有下方的人只能匍匐，只能服從。

權力掌控了大量的資源，可以按照自由的意志為所欲為。壟斷的權力不受監督控制，而沿著權力的階梯，卻是一群不斷容易腐化墮落的人群。即頂層的愚化不可避免且無法阻止，而權力巔峰擁有資源之後的慾望的放縱，也是不可避免而無法阻止，這些人的品味、興趣、關注點、建立的標準、他們的話語，必然成為整個體系的績效考核標準。

所以，當愚蠢、虛偽、謊言、貪婪成為選擇官僚民眾的標準，帝國就開始了比傻的國家，爭相比傻，論證傻是世間的真理。爭先比賤，比說謊，比錢財，比房子。

無怪乎帝國歷朝歷代怪現狀如此之多啊。然後，由按照比傻原則、比賤原則選拔出來的「國家精英」，又開始新的一輪新標準下的比傻大會。老百姓在這種考核體系下，面對良心的話語，以為奇怪；「人生的意義在於靈魂」，這種說法被上下的民眾同時嘲笑；「只追求權錢的人生是有問題的」，也被上下的民眾同時否認。

十．官僚體制中的競爭

在沒有愛的前提下，競爭是醜陋和殘酷的。在友愛的前提下，競爭導致雙贏和尊嚴。在官本位社會中，皇帝看重的屬性才是最重要的。

什麼是官本位？就是在缺乏永恆原則的情況下，人的話語代替了神（絕對真理）的話語。在現實層面，本來分散的物資資源，集中到了衙門這個權力機構手裡。然後，資源的配置掌握在了皇帝手裡。而對於以物質利益為最高標準的很多人來說，他們就被充分控制了。這叫做官本位。

對某些人來說，比如帝國歷史上著名的奸臣高俅，他的球技可以稱為當時價值體系最所看重的特質之一，所以他能夠升官發財，為惡一時。

但是，換了個皇帝，口味變了，他也被馬上砍頭。我們不難理解的是：第一，價值體系是在不斷變化的，皇帝變化，規則就變化，甚至皇帝本人變化，規則就變化。第二，權力與金錢將是永恆的追求目標。第三，社會良知和道義，與我如浮雲哉。但是真正以天地之心為心，順天應命之人則至為寶貴，歷世歷代應珍視。

當社會缺乏精神上的一致性，那麼人必須找一個價值的衡量尺度，來為自己的人生意義給予度量。不幸的是，一些人選擇權和錢，而不是公義和道德。

在這個衡量體系的另一端，我們找到了另一個主體，就是家族利益和血緣利益——權和錢的受益者。在這個價值衡量體系下，獲取權利和金錢方式或者過程中的道德考量被無視，或者說獲取權錢的途徑是八仙過海，各顯神通，混亂而無原則。

或者說，在權錢標準下，不道德的行為，邪惡的理念，反而更容易大行其道，古代帝國的厚黑學，也只能讓很多古人在東方文化中，混得有聲有色了。

因為，在追求屬世的權錢方面，沒有什麼比魔鬼更加擅長的。很多人對於權力和金錢的重視，使得我們的意義在於搶奪這些資源，而旁人都是我的競爭者，那麼旁人就是地獄也就不難理解了。

我們就像國粹麻將，攔上吃下，殺光所有人，最後自己才是大贏家。為了家庭的利益，在追求權錢的過程中，侵害他人的行為是無可避免的。因為我們追求的物質是有形有限的，自己的多必然是別人的少。而且，我們沒有一套公平的規則規範這種爭奪的方式。

人愛自己愛家庭而不顧他人的行為方式，最終必然導致的結果就是仇恨和衝突。無論是哪種系統，哪個部門，或是哪個企業，都不可避免地帶來了一個問題，即旁人即是地獄的處境，見不得別人好，不與人為善，不成人之美。往往使絆兒，樂見別人多費事，樂見別人跌倒失敗。別人哭得越慘，他內心越是美滋滋的。

在這個價值衡量體系下，熟人社會或者關係社會得以形成，跟自己好的親的，就更有價值，就得好，別人就得吃虧；就是你再能幹，也沒用，裙帶關係，自己兄弟才更具有優勢。

權貴經濟形成，權力壟斷者為了家庭利益而不斷攫取社會利益；社會結構上的金字塔形成，有錢有權的人數少，而佔有資源多，沒錢沒勢的人數多而佔有資源少。

用學術些的話說，就是基尼係數太高。這也是很多地方內需不足的本質原因。

在權力的單向性狀態下，無其它的替代選擇，任何下一級的人士要往上升遷，必須獲取上峰的認可。區別於美國選舉，即必須得到同伴的認可才可以。對上負責制極大地提高了上峰的價值，也極大損害了民權！在老朽帝國，理論上，與你同一類的人基本上都屬你的競爭對手。你必須和他們同時對上峰諂媚，通過諂媚上峰與同伴競爭。因而對於和你處於競爭關係的同等級人，你不能相信，只能懷疑。

不能勇於幫助，而必須不斷打擊。只有擊敗他們，而不是獲得他們的認同，才能取得勝利。在帝國權力金字塔中，每一層級都意味著競爭和敵人，大家互相競爭上峰的垂青，而對同伴必須提防或陷害。或者先將共同的競爭對手幹掉，然後再窩裡鬥。

就如宋朝的變法派與保守派之間，變法派失勢。而後保守派中分裂，繼續纏鬥。無休無止，循環往復，皓首窮經，無人幸免。因而，你可以看到帝國為什麼歷來就是一盤散沙。

同樣，帝國的教育體系中，也是這種單打獨鬥式的選拔方式，個人的成績是一切，不需要愛與互信，每個人都可以說是潛在的敵人，要想成功，就要把人踩在腳底下。

同時，古代競爭無序（物質至上者沒有恆常，沒有公眾信仰的一致），無底線（物質至上者是沒有底線的）。我們可以想像，他們即使在現代生活，也往往用科技創造著毀滅，方便剝削，方便壓制，用盡一切攫取勝利，把他人踩在腳底；而在思想上，沒有平等和博愛，自私而不可讓人信任，侵害別人而毫無廉恥。這些展現在世人面前的，就是歷史上的髒亂差，假醜惡。所以越是權力競爭之地，越是黑暗；越是遠離權力中心之地，越是乾淨。

十一. 告密

為何一些歷史中的人物這麼喜歡告密？因為帝國的權力集於一端。在西方社會，要想搞死一個人，要提出公民訴訟，必須獲得陪審團以及一定數量公民的同意。因而向上峰告密只是讓一個上峰可能傾向告密者。

但是要損害對方，必須要一定數量的民眾同意。因而在一個權力分散且相互制衡的體系中，告密作用有限，且由於普遍的道德約束，該種行為可能造成大眾的反感而得不償失。

但在老朽帝國，生殺予奪系於一人，告密的收益太高了。只要老大首肯，告密者就可以搞倒對方，收益巨大。且由於告密者只向一個告密，社會無人知曉，並不具有相應的社會風險，因而可以殺人於無形，成本或者潛在成本太低。

天下事，成本低的容易做；在人性中，墮落容易而上進難。因而歷朝歷代，告密是金鑾殿上後臺宮闈裡經常的事情，而帝國的辦公室政治，或者說江湖，那真是太多這種事情。哪怕在封建大家庭中，風言風語，都未曾絕跡。

另一方面，當權者會鼓勵或默許這種行為。告密文化產生的恐懼使得人民隱忍，不敢吐露真言；普遍的不信任，使得真實情況受到蒙蔽。

恐懼像病毒一樣，執行著秘密警察的職能。讓人們分散，互害，不能聚集在正義前面。讓白日之下，也無善良之言。恐懼使得人民依靠強權，獻出自由，用謊言宣誓順服，取得表面的安寧。而潛流之下的抗拒和仇恨卻一分不減。

古代的錦衣衛，紅朝的紅衛兵，更是不計其數地毀滅著人民的互信，加強社會恐懼的氛圍，讓人們噤聲，只能聽從最高者的言論。

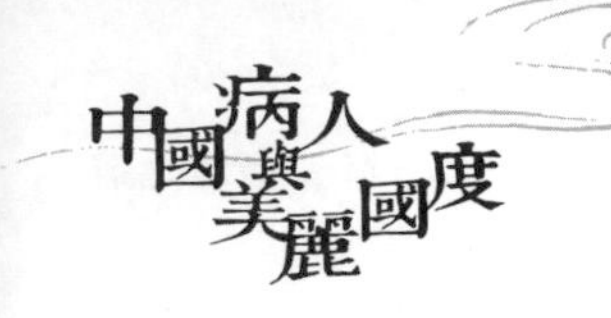

十二．互害社會

即使是壟斷的衙門或者寡頭的企業，比如在其中的大官和大賈，在生活的其它方面也必然受侵害，買到假貨，吃不該吃的藥，走不該走的路，做不該做的事，花不該花的錢。因為在此人壟斷權力之外，他也是弱勢人群，也要服軟挨宰，因為帝國是個互害社會，你在醫藥上壟斷害人，別人就在你的菜裡下毒。

這樣在高端的統治者就不得不把自己的方方面面都控制起來，進行壟斷，進行特供，才能保證自己吃的是好菜，用的是好藥，住的是好房。帝國凡是有點權力的部門，很多都有特供的系統。由於衙門密不外宣，也無法給出正確的描述，但是特供確實在帝國中樞多個系統和部門存在，特別是皇帝的服務體系中。

但是越加嚴重的全面壟斷，只會給社會帶來災難。因為喪失了分工和信任，我們的生活不可能很好，我們的世界也變得局限。背井離鄉被認為是沒有辦法才做的事情，其實，也是很多人怕到陌生社會而受到侵害的緣故。很多人的溝通圈子很小，因為彼此互害，產生了不信任，因而天地就變小了，機會就變少了。無論是個人，還是地方的企業，都是如此。背井離鄉在中國歷史上，不是個好詞。

有人說暴政下必有暴民，有人說上樑不正下樑必歪。掌權者的剝削，促進了下層人士的苦難；下層人士苦難中，由於僧多粥少，不是聚眾取暖，而是互相傾軋，這樣整個社會風氣日漸敗壞。相互侵害，無日無之。損害了的社會良知以及喪失了彼此的信任，那麼無疑是整個社會的災難。

像美國那種為眾人服務、得到大眾的信任而聲名遠達的人物，在東方很可能處境悲慘：一方面，民眾窮困已極，得到的幫助必然照單全收，無甚感念，因為他們連感謝的資源和能力都沒有；另一方面，為民眾服務者，是在擾亂視聽，妖言惑眾，與皇帝搶奪民心，實為大逆不道，因而很多善心之人遭遇不測。

皇權社會中，統治階級的惡性是很少被糾正的，且他們很少去懺悔。自我糾正、自我反省是小概率事件（浪子回頭金不換就說明少嘛）。罪惡反而會成為社會範式，成為底層百姓的模仿對象。因為對於規則的破壞，彰顯了他們的榮耀。突破道德律的約束彰顯了他們的自由。吃喝嫖賭，欺詐權謀，為顯示特權和地位，不遵守公序良俗等規則。大多數帝國底層民眾由於經濟上受剝削，政治上受限制和歧視，精神文化上受愚昧，導致了百姓整天為生存而賣苦力，沒有思想、興味和情調，上層的墮落連同下層的苦難，一同將整個帝國推向愚昧和頑固的深淵。

因為上層的愚人將自己塑造成了榜樣，而那些貧困的民眾自然也以他們為人生的目的，因而整個社會的追求讓人匪夷所思，爭相以墮落為人生的目的，以錢財為價值的衡量，爭相破壞規則，進行欺詐，毫無懺悔，冷酷頑固。

比如官僚在高中前，那是工作努力，廉潔奉公，學習勤懇，美名鄉里。但是一旦榮登權位，便開始腐壞庸俗，尸位素餐。范進中舉和中舉范進完全兩樣了。老百姓為了賺錢，每日辛苦，拼命存錢，但是一旦成為富翁，就會豪宅美女。難道這不是富人在墮落，窮人在追求墮落；官員在腐敗，百姓在追求腐敗？

古代帝國的模式是食人的模式（魯迅曾說帝國的禮教是食人）。特別是依靠剝削壓迫弱者獲取自身的利益，不僅是權力部門，即使是平民百姓也莫不如此。

邪惡的文化中，強勢者欺淩弱者，通過吃喝弱者來達到自己的優越，自己成為豺狼的後代；光明的文化中，強勢者服務弱者，通過幫助服務他人實現自身的價值。在邪惡文化中，惡人和墮落之人更容易在短期顯露得益處；光明文化中，公義和真理在長期則會更容易佔上風。

壟斷統治階級靠暴力統治，靠掠奪壓榨百姓的血汗來驕奢淫逸，所以帝國的皇帝大多對外都是愛好和平的，自己國內活得這麼滋潤，何必到外面打打殺殺；有時很可憐西方人，國內的被統治者身上撈不到好處，還要不停地提心吊膽，努力工作，一旦放到外國，就到處殖民。難怪人們要說，西方文明史帶了一點點的「侵略性質」。

稀少的資源讓百姓貧困，很可能窮兇極惡，要想脫貧，假貨、殺害野生動物、砍伐草木、污染河流，無所

不用其極。又不能瓜分或者分享壟斷利益，只能在稀粥裡面搶米吃，民眾怎麼能夠團結？凡是賺錢的，都被壟斷掉了；凡是不賺錢、苦力的，都是小老百姓在弄。即所謂內卷。凡是需要大額投資的，基本是皇權壟斷了，即使小民集資投資，也會被克制和打擊，而更多的小老百姓根本沒錢投資。這樣，可能兩個草民為了一個銅板而打得不可開交。而受到假貨、污染等商品的老朽帝國的皇帝子民，又加深了彼此間的不信任感。

所以，長輩對於遠行的孩子總是提醒防人之心不可無。就像我們平時到菜場，那些菜農們一看我們這種年輕人，價格往往是貴的，東西給我們往往是略差的。

而廣大民眾的貧苦和拮据，也毀滅了我們的內需和購買力，所以大清對外貿易一般都是順差的。當然當我們的清朝統治階層和百姓戀上了鴉片後，才獲取了外貿收支平衡，並過渡到了逆差。

權貴經濟下，帝國社會永遠是金字塔型的。皇親國戚在金字塔的頂端，中間的是技術官僚和底層官僚階級和少數商賈技人，底層是茫茫無際的苦難大眾。上層的無德虛偽和墮落，中層的犬儒小資和麻木，下層的絕望極端和仇恨，讓古代民族總體上都變得如此沒有意義，往往都以權錢為目的為價值。

家庭利益和權力壟斷下，產生的是權貴經濟。帝國有五千年的漫漫歷史，假使每代祖先一世存金一兩，那麼傳至今日，各個子孫無不富足；假設每代傳世祖產一宅，那麼時至今世，各個子孫無不居有其所。

當漫步英國城鎮，林木樓宇依稀當年光景，可上溯至百年者。然廣大神州黎民徘徊於生死之間，果腹充饑，留存香火實屬不易，又有何餘力去為後世子孫存留基業的閒情？同時太多的官逼民反、饑荒水患引起的戰亂與浩劫，又使財富如過眼雲煙，幾代而亡。

每次朝代更迭，送走了狼迎來了虎。濁世興衰，百姓皆苦。雖然日常官家通訊粉飾太平、歌功頌德，凡是帝王，均是靈秀純良、威武仁德；凡是百姓都是感恩戴德，如沐春風。

但是自古以來，世民苦難，無世無之。故而歷史延續至今，帝國的財富往往總是集聚在少數與一端，在海外二奶私生子的豪宅裡；萬民掙扎於生死之間，貧可立錐、家無長物，哪來財富傳承？每一代帝國的財富總是過於集中一端，而金字塔底層的茫茫無際的百姓則貧困愚鈍，真所謂少數人的荒淫建築在大多數的悲慘世界之上。

道德墮落、世風日下、鷹犬爪牙、饑民流民，外在的國力崩潰與整體國民良知的內在崩潰互為表裡。

為何帝國總是少數人富而不仁，尸位素餐；大多數人貧而麻木不仁，窮苦無依？因為統治階級或者權貴喪失了大多數的物質的制約，因而可以放縱自身的慾望，因為道德斜坡下，人墮落起來更容易；而一旦長官墮落，那麼下屬不墮落就成為極大的風險；當同僚中相繼墮落，那麼整個氛圍將漸漸蔓延，集體墮落。

像一夫一妻制在帝國肯定不能實現，因為有錢的人必然要放縱自己的慾望，納妾嫖妓。而不這樣的士大夫將是大家嘲笑的對象。因為墮落的人總是希望拖人下水，而墮落比起上進總是那麼容易。所以歷史上還是現實中，我們總是抱怨官僚體系或者富裕階層集體腐化，卻不知，這是一種必然。

既然忘記了真理的追求，道德的追求，那麼約束解除後，墮落也就不可避免；放棄真理的信仰，高舉人的尊嚴，那麼罪惡將會被美化，成為平民追求的目標。

就如，在貧苦的古代帝國，底層老百姓娶一個老婆和一群老婆相比，肯定是娶一群老婆困難，因為娶不起。而上層人物娶一個老婆還是一群老婆，肯定是娶一個老婆困難，因為心裡沒有真理的信仰，克制不住自身的慾望。

十三．衙門的本質

權錢標準下，帝國在政治上是官本位的國家，官本位導致官僚主義，而官僚主義又導致長官上峰意志，但是帝國又是老人政治，很多人的價值又在於家庭利益，那麼為了家庭利益，而罔顧國家利益的決策也就不奇怪了。整個國家的民眾總體上又沒有質疑精神，缺乏獨立的個性和對自由的愛好，嚴重缺失對於公義的信仰和關愛之心，有的只是潛規則和奴隸精神，對於皇帝的決策也沒有了制約。那麼一些政策和決定有利於私利無助於公眾則是普遍的狀況，而非特例。即衙門是為個人、家庭的私利服務的。

同時，由於統治集團的人口繁衍，衙門將會不斷擴張，直到財政無法承擔的程度。而受到侵害的民眾是不可能相信衙門的，他們不會尊重敬畏衙門，他們只是害怕衙門的暴力威脅，並且充滿憎恨。總之，國家社稷指的是一家一姓而已。

無論颳風下雨，稅總要交。交上的稅，就是官老爺的資本了。體制內，根本不需要創造價值，也根本沒有必要提高效率。哪怕衙門全不幹活，錢還是照樣來。因為沒有競爭，官員要做的是就是使用權力，將一切不聽話的敲打甚至趕走。由於收入豐腴，官員養尊處優，慢慢與整個社會脫節了。那麼這群什麼都不會幹的官員將要何去何從呢？就是自我表揚、自我吹捧的開始。謊言千遍成真理。

有時他們實在太無聊了，看到百姓的苦難，他們反而感到快樂，因為別人比他們慘啊。他們天天歡聲笑語，沒有壓力啊。旱澇保收，老百姓困厄又如何？老百姓呢，也開始仇富，相互之間矛盾是必然的。話又反過來說，有些官員武功全費後，自己也失去了自由，只能任由權力擺佈，成為可悲的棋子和玩偶。而最終使用權力這根控制木偶線的是魔鬼。沒有靈魂的人，都將成為魔鬼的奴隸和受害者。

衙門，是百姓的巨大負擔。封建中國的政府服務價格太貴，給與百姓的服務價值太低甚至為負。而大多數皂隸的哲學是，即使擔罵名，只要錢多，也就值了。因為其他人的謾罵都抵不上家人的支持。不僅那些衙門內的人這樣想，草民也拼命擠入這個群體。大多數衙門做的事情是服務上峰，比如整理文件，倒倒開水，寫寫發言稿，佈置會場，安排車馬，定飯店包房等，在巡撫身邊的基本上是很重要、很有前途的工作；而很多衙門是做審批的，就是敲圖章；很多衙門基本上是無所事事的，打牌打遊戲；有些衙門是專門聯絡感情的。因而，由於衙門目的是服務官僚，服務官僚的家庭利益，因而產生了民眾公共服務的極度短缺；另一方面是公共資源的極度浪費，整天想著為上峰買張床，買輛車，去哪裡視察，裝修豪宅，很多時候是不幹正事。

衙門裡的年輕人很多人做了些日子，就無法適應外部世界，市場上需要的專業知識已經無法掌握了且性價比太低太苦，因為衙門不喜歡通用性知識，凡事他都要自己搞個系統。關起門來成一統，是官僚的拿手好戲。不然有了類似的標準，再跟西方社會一比較，就會顯示出我們的衙門的最高機密。所以量中華之物力，結與國之歡心。不能跟西方開戰，慈禧老佛爺開了一次，惶惶如喪家之犬。甲午海戰，北洋水師酒囊飯袋就體現了。

所以，建議中國足球不要再對外比賽了。同時，休閒的衙門工作狀態，也讓很多年輕人無法適應市場的工作環境。其次，真正為百姓服務是很累的，那麼這些苦活累活必然由身份職位最低賤的年輕人承擔，但是逆向的績效制度——幹得最多，拿得較少；最為清廉，卻最貧窮，讓這種服務質量不斷下降，表現的是衙門窗口的冷酷。就像整個經濟結構中，帝國利潤主要被鹽鐵官營獲取，而髒活累活主要由小私人企業負責，那麼這些幹活多、拿錢少的企業的產品質量也會出現逐步下降，維持低位的態勢。

大多數年輕人，隨著年齡的增長，變得越發缺少通用性，自己習慣了輕鬆，那就失去了選擇，沒有了獨立性，只能唯馬首是瞻了。其次，當年歲漸長，技藝荒廢，但是資格老了，有了新任官員了，自己可以呼么喝六了，這樣等級制的好處就漸漸來了，雖然自己還是地位低賤，但是還有比自己不如的，自己也安定了，因為自己有了壓迫的對象了。再次，自己是個廢人，即使偶爾放下身段當當捋須拍馬的角色，但是每天幹活少，拿錢多，不是很舒服嗎？這樣，帝國的年輕人，很多就這樣制度性系統性地被廢了，被收買了，被墮落了。而且，這是體制性的，文化性的，一般個體很難抵擋。

但是話又說回來，如果我們給予皇帝那麼多的資源，他的快樂是同比例增長那也沒算浪費。可惜，皇帝的口味越來越重，越來越難以滿足，要求越來越高，但是效果卻每況愈下。居然出現了經濟上的效益遞減現象，這樣，如果上峰減少部分資源，而平民享受這部分資源，社會總體效益是絕對提高的。所以，Zero（西班牙的民間傳說的英雄）的存在，在經濟上是促進效益的。因而帝國的可悲在於大量的資源集中在金字塔的頂端，而花費的那些統治階級又沒有享受到很好的效用。

衙門用在收錢、搜刮、浪費民脂民膏的事業上可謂盡心竭力，無所不用其極，因為那是權力者最關心的。所以帝國的執法喜歡運動化，法律的管轄範圍全面化。過多的管理內容，必然要求官僚機構擴大；而不斷控制資源的要求，也使得整個體制要求的僱員增加；而百姓不斷被剝削，社會動蕩加劇，那麼為了維持統治的穩定，自然需要不斷補充體制內的力量；此外，隨著朝代的延續，那些三姑大姨的親戚越來越多，需要不停塞人進去，自然導致雞犬升天的國度體制內人員爆棚。

官府中官僚數量巨大，有時並不意味著衙門的提供公共品的能力，因為最高層的官員本身才不堪大任，能力強的人一天能做的事，他要十天；賢者出遊一萬元搞定的行程，他要百萬；同時在部門中，大多數關係戶以及權力者都是少幹事多拿錢的，而那些沒背景的有實力的人，如果意識到上升渺茫，那麼就開始混日子了，所以系統內的年輕人必然是很辛苦的，他們相當於金字塔的底層，沒有權利，只有義務。同時這些可憐的公共產品提供能力往往也是用在服侍上峰、權貴上面，真正用在民眾上的公共服務就更少。即衙門的本質是服侍權力者，而非普通民眾。一方面，用於上方的資源大量浪費，就如秦始皇陵墓數十年修建；一方面，公共品供應大量缺乏，就如六國百姓無一日不希望滅秦。

諸如食品檢查、商標管理、偷稅漏稅，因為官僚雖然人數眾多，但是效率不高，不能滿足大量的公共品需

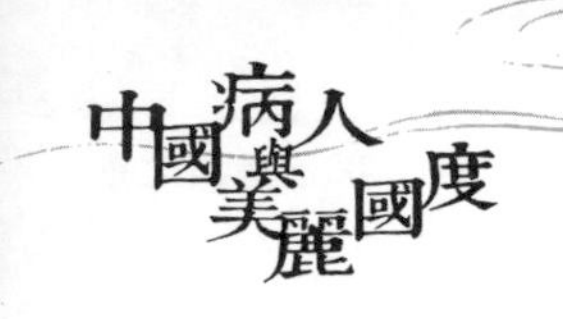

求，也不能有效維護規則制度，只能通過短期突擊方式，妄圖維護制度和規則的穩定，其實，卻是杯水車薪，無濟於事——此所謂運動化也；凡事大到生老病死，小到地攤農具，衙門都喜歡插一腳，就連結婚包二奶都有行為準則，因為全面控制的原則是壟斷皇權的必要，同時管理權意味著收費權，收完費後，愛幹嘛事去幹嘛事——此所謂全面化。運動化的後果在於帝國的很多問題實在暴露後才可能被解決的，沒有地震，就不知道小學是不能上的；沒有倒樓，就不知道監理是沒用的；沒有大頭，就不知道牛奶是不能喝的；沒有俯臥撐，就不知道我們的黑牢是會打人的；沒有侵略，就不知道我們的皇帝是個大軟蛋！——此所謂劣質化。而全面化的好處在於國家大量的收入，其實國即是家，國家收入即是家庭收入，可惜一富功成萬民枯。——此所謂苦難化。

位居高位的近親傳承也導致了金字塔頂端的愚蠢化，由於整個帝國的智商主要由金字塔頂端決定（缺少獨立力量和自由知識分子），那麼整個帝國從此愚昧化。所以，我特別推薦美國徵收高額遺產稅的政策，不能因為你爸是牛人，你就可以不廢力氣成為百萬富翁。另一方面，某些古代紈絝子弟大都吃喝嫖賭非常在行，但是辦事做活卻是拖拉推諉、丟人現眼。因而帝國的運行必須要有能人做事，因而，除了照顧老一代官僚的後代外，衙門必須另外招募新生力量，我們知道，那些偉大人物很多都是出生平凡甚至是貧寒。這樣，幾朝幾代下來，官僚一般是個終生職業，除非犯了大罪，得罪大官，一般都不會退的。官僚數量就會越來越多。不僅是官僚的數量，像秀才、貢生等等可以接受國家補貼的職業人數也是越來越多。因為官僚的親屬、門生可以投靠權貴，謀得好差事。這樣，整個帝國閒人滿盈，到處是尸位素餐者，做事的少之又少，抱怨的日益增多。官僚體系擴張的邊界在哪裡？老百姓都成窮鬼。不管多少人無錢看病，無錢上學，無錢結婚，無錢養娃。而膨脹的官僚體系每次都是導致財政和經濟危機的禍首。

十四.輿論與佞臣

沒有真理和真相的媒介，謊言將做王，最終成為輿論宣傳。帝國的歷史基本都是統治階級的家史；帝國的聲音都是統治階級的淫聲。沒有監管的皇帝、統治階級的必然墮落性、強權暴力下壟斷重稅，讓皇帝和壟斷階級好大喜功、浪費成性；而底層百姓則悲苦沉淪，徘徊在果腹充饑之間。對於無法進步的國度，僵化的體制，沉淪的文明，也自能走上自我吹捧，自我麻醉的道路。對於無望的人生，貧瘠的生活以及蒙昧的心靈，也只能走上自我麻醉，徒有其表的歸宿。一方面，老朽社會的上方失去了革新的動力和能力，另一方面，老朽社會的下方失去了改善的途徑和希望。兩者都一同寄望於虛幻的面子。

社會上是哀鴻遍野，而佞臣卻大唱讚歌，鼓噪太平盛世。這種矛盾在老朽帝國很常見。因為老朽帝國的一切資源都是為了滿足頂端權力者，那麼壟斷權力者當然不喜歡聽到自己無德無能、禍國殃民。他們不僅物質生活豐富，並且希望精神生活豐富：希望別人表揚他。稱讚他聰明、智慧當然不能滿足皇帝的重口味；皇帝喜歡聽到雄才大略、百姓朝拜的聲音；喜歡聽到國泰民安、萬邦來賀的號角。因而溜鬚拍馬所描述的跟現實百姓的普遍感受是背離的。因為帝國統治者過好了，一般老百姓就不會好；但是佞臣一定要說老百姓過得好，一定要說國家一片欣欣向榮。此外，越是問題嚴重，掩蓋的程度就越急迫，越廣泛，也越無恥。

很多問題基本上是被掩蓋的。一項措施損害了 100 人，使 1 個人受益，那麼佞臣就採訪那個人；即使沒有人受益，那麼佞臣就收買，就脅迫，讓喝彩（當然栽贓嫁禍更是拿手好戲）。無數的小問題掩蓋之後，皇帝自然聽不到，皇帝看到的，聽到的，都是國泰民安，太平盛世的東西。所以帝國有種不鳴則已一鳴驚人的氣質，一般的小叛亂都不當回事，要慢慢培養成全國性的叛亂，才會引起皇帝的重視。一般的污染都不報，直到大都刮沙塵暴了，皇帝才知曉邊疆樹砍多了。

而這種面子文化（掩蓋文化）可能也是封建民族性的反映，是只說好話，不說壞話的稟性。人都喜歡聽好話，哪怕客觀和善意的批評，經常不能很好地接受，關乎「面子」而已。因為拒絕承認歷史上民族精神方面出現了嚴重的問題，無論自己過得再卑微逼仄，也不允許其他人對此說個「不」字。而且一切事情都往好裡說，很多人自豪的臺詞似乎也是一致的，在幾千年前就創造了四大發明，沒有四大發明，就沒有現代很多的科技；這些似乎裝點著很多人的門面，正如秦淮河畔的那句「一白遮百醜」。

其實，這跟一些農村的房子一樣，外牆做的總是非常精緻氣派，而走入房間一看，則是簡陋至極。為何這樣捨本取末愛面子呢？官僚面對瘡痍的大地，無能為力，只能貪腐，搞一些形象工程，忽悠百姓和腦殘的人；百姓面對貧困的人生，也只能打腫臉充胖子，裝點面門，自己吃苦。就如帝國的流俗，厚葬，浪費錢財;喜事紀年，大吃大喝。所謂平時勒緊褲腰帶，關鍵幾天也要豪爽一把，風風光光，不枉一生啊。但是這種面子文化，又是何苦呢？

另外一方面，就是「十一定理」：帝國皇帝做了 10

件蠢事，1 件普通事，那麼佞臣大肆宣揚肯定那 1 件豐功偉績，並且被輪番播放百遍；如果帝國的 10 件食品安全事故暴露了 1 件，那麼其他國家 1 件食品安全事件將被輪番滾動播放百遍；帝國的強勢在於 10 萬人的收入，1 個人花；10 代人的環境，可以 1 代人搞垮；10 年的基礎投資可以 1 年投光；10 年的信貸可以 1 年貸完；帝國的強勢又在於美國工人工作 1 小時，帝國工人可以做 10 小時；帝國的強勢也在於帝國的 10 萬報紙可以當 1 張讀；也在 1 個官員可以玩弄 10 個青樓，10 個民工分享 1 個妓女。

帝國的強勢也在皇帝的文盲兒子可以當做國子監祭酒用；而農民的文曲星兒子可以當做文盲用。帝國的強勢在於結婚一次，用掉 10 年的積蓄。如果認為只是諷刺帝國官僚，那就錯了。說謊是官僚的必備素質，但是帝國裡老百姓說謊也是家常便飯。很多人再窮，也要裝點門面，也要吆喝一陣，今年賺了好多錢，今年花了好多錢。這是封建社會劣根性的問題，並非歷史上的官僚特有。

十五．封建體制的延續和生存

實質上需要的是肉體消滅的暴力機制（軍事上），精神愚昧的文化控制（文化上），以及管理等級的分化機制（政治上），以及經濟資源集中後的上峰分配機制（經濟上），所謂的理念或者合法性只是表面文章。如果真正合法的政權是理念和道義正確的話，暴力機構只是工具；而許多東方政權，暴力機構是主要的合法性，道義和理念反而只是幌子，因為沒有公義的標準。

暴力機制必須將物質生命放在最為重要的地位，即人生價值與生命存在緊緊聯繫，活著是一切，死去則一切消失，這樣暴力機制才有了用武之地。但是，我們知道 idea is bulletproof（理想無懼子彈）。真正信仰精神律的人，必須放棄這個屬世的盼望，必須看清這生命的本質。為了苟活，而放棄理想和信念；為了家庭，而去為惡，而去追求自私的利益；為了自身的慾望，而罔顧內心的良知和世間的公義，這就是這個世間的囚徒困境。

而穩定策略非常值得回味。穩定是一種狀態，當然可以區分為好的穩定和壞的穩定。但是統治者需要的只是穩定，即個人物質生命存在的一種穩定狀態。即民眾的這種以自身生命為最高價值的潛在倫理，必須受到官方的極力保護。一般殺人案必須是極力偵破的；而一般的案件，則一般是馬馬虎虎，看運氣的。帝國必須營造一種安定的氣氛，而物質生命安全則是重中之重。

統治者必須維持軍隊，但是軍隊的規模太大，則財政承擔不起。因為在皇權國家，暴力機構的收入是很高的，因為要他們忠心不叛變，沒有原則地聽話，讓殺誰就殺誰。而軍隊的規模也不能太大，因為防止叛亂的統治成本上升，壯丁抽得太多也影響（農業）生產。因而只能維持相對規模的軍隊和暴力機構。而我們看到，那些丟掉位子的皇帝，都是因為軍力沒有掌控好，或者容許私人武裝等不受控制的軍事力量存在和壯大。由於皇權跟土匪流氓的統治本質上一致，丟掉天下跟土匪內訌、丟掉山頭一模一樣，毫無二致。

因而如何能夠更好地統治？秘訣在於分化、愚化（奴化）是也。文化的愚昧在於大搞迷信教育，教導民眾只有此生、沒有道德律，否認權力者亦掌握在命運手

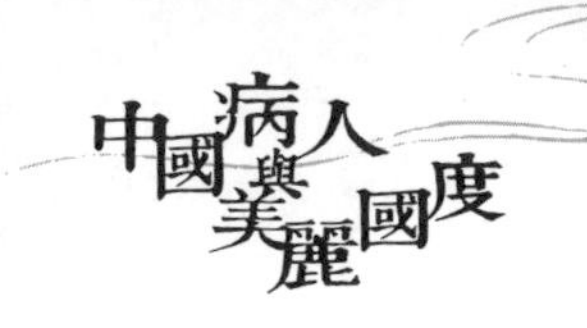

中，不是真正擁有權柄的人；在於大搞庸俗教育，教導民眾謀取功名利祿，發幾本四書五經，讀殘人心和腦力，培養忠君的奴性，培養唯老唯尊的社會標準，否認道德律的標準。

社會管制和經濟管制方面，通過壟斷鹽鐵，讓百姓疲於奔命，果腹充饑，無閒暇胡思亂想；通過功名利祿，俘獲一些知識分子、科技人員充當鸚鵡和打手，充當號角和喉舌；在於大搞等級制，讓人能夠高低貴賤，互相仇視，互相懷疑，互相牽制，互相監督；鼓勵告密，讓人人自危，不可信任他人，團結鄉紳；在於強調論資排輩，磨滅有志青年棱角；在於大搞一言堂文字獄，讓那些有思想、有個性的人徹底排除在主流之外。因為那些等級制中的上峰、排資論輩、既得利益者獲取了權錢後，他們也成了整個權錢社會堅定的支持者，他們喪失了靈魂，便也一同否認靈魂的存在。

同時要讓人不團結方法太多了：首當其衝的是等級制，等級制是分化的利器。其次是論資排輩制度，讓不同年齡段的人不能團結。

此外，槍打出頭鳥（鎮壓工人運動和上訪鬧事者，幹掉組織者就可以了）、扶植叛變者（在工人運動內部懸賞，分化內部）、鼓勵告密（散播不信任的種子）、文字獄（恩威並重，讓恐懼在社會散播）、以蠅頭小利讓民眾競爭、讓民眾說方言（強調地域特點，挑撥地域矛盾，這樣就需要官老爺來調停）、地域歧視、職業歧視、種族歧視、減少民間交流、結社、自由發揮意見（莫談國事，不然可以找到志同道合者）。很重要的是對於禍害群體的行為，不進行嚴重打擊，讓群奸能夠在人群中活得很好，混亂村落中的道德秩序，讓民眾沒有認同感。

總之，不能讓民眾意識到大家都是奴隸的命運，強調大家之間的區別。孔子的禮，就是差異的意思。並利用一些資源使民眾相互爭鬥，比如用 10 個獄吏如何統治 1000 人，只要反抗人士團結起來的人數小於 10 人，皇權就沒有威脅。反過來，皇權侵佔個人的利益時，增加的獄吏數量大於團結人數，皇權就是安全的。因而皇權要加大剝削吸血的程度，方法有：擴大暴力機構人數、有效分化民眾。

同時暴力治國，必然也會被暴力推翻。帝國歷朝歷代少有才德不行、沒有仁義而退位的皇帝，都是被人打下寶座的。因為，權錢社會下，沒有統治者會認同道德律而進行自我譴責，用俗話說，你跟他沒法講道理，他不承認有道理的存在。對於自身的錯誤行為加以掩蓋、否認甚至成為民眾的範式。

薩達姆和格達費最終都死在了自己培養的暴力社會形成下的部分暴力民眾手裡，聽說格達費最後死前還被雞奸了。當和平的示威遭到血腥鎮壓後，當道義的呼求遭到無視後，腐敗的政權和官僚可以延長腐敗、墮落和非法的統治，但是他們付出的代價就是他們必然會被暴力推翻，也將自己的退路堵塞。

十六．兩種維持社稷的方式

一種是精神上的維持社稷，比如高舉孔子的理論。忠君愛國，強調社會等級，教人們順從現有的秩序，崇拜過去，崇拜「鳥獸魚湯」。

當官的就要有官樣，當老百姓的就安心做老百姓，不要極端憤怒，因為人跟人是有差異的，人家是官，你是老百姓，你鬥得過人家嗎？想通了，這個人就維穩成功了。

再如，權錢的維穩，有意見，那麼給你升個職，提個幹部。你家房子不是拆了嗎？補貼你點錢。你老婆不是被上峰欺負了嗎？提個級別。這樣就穩定了。

但是權錢的拉攏是有成本的，一般是孔子忽悠不過去以後，才會使用的方法，而且帝國怨氣極重的國家，拉攏也只是小範圍的個人使用，因為主要的資源還是要用於統治階層的慾望。

二是暴力維持社稷。比如，禁衛軍不是保衛國家，實質上是保衛政權，所以很可能帝國的先進武器先落在百姓頭上。所以，帝國對內強硬，對外軟弱不要那麼奇怪。因為內部到處都是叛亂抗拒的潛在分子，有哪個與民為敵的皇帝會改變平穩的現狀？對於任何危及統治的人，都將要嚴酷地鎮壓，或者黑牢，或者失踪，或者肉體消滅。

今世主義者沒有懼怕，沒有底線。精神上忽悠不過，就收買，用暴力。而更多的時候，是雙管齊下，蘿蔔加大棒。

比如無數帝國的電視劇中不斷上演的情節是：老公啊（老爸啊，兒子啊，女兒啊，哥哥啊，妹子啊），你不能去革命啊（當革命黨啊，共產黨啊），不然你死了，我們家怎麼辦（娘倆兒怎麼辦？雙親怎麼辦？親友怎麼辦？）？

人死了，由於熟人社會，遺孀就要面對人生的壓力和冷酷，因為除了家庭之愛，整個就是孤零零的缺乏關愛的社會。這樣又強化了好死不如賴活的號召力。

再說，這些毫無信念的軍隊出去，豈不是炮灰？帝國軍隊的腐敗和社會的腐敗有何區別？帝國軍隊鎮壓流民戰鬥力還行，要是真的碰上王者之師，那還不是鳥獸散的結果？

然而維穩失敗，就要成為被維穩對象。這是個封建社會的死循環。

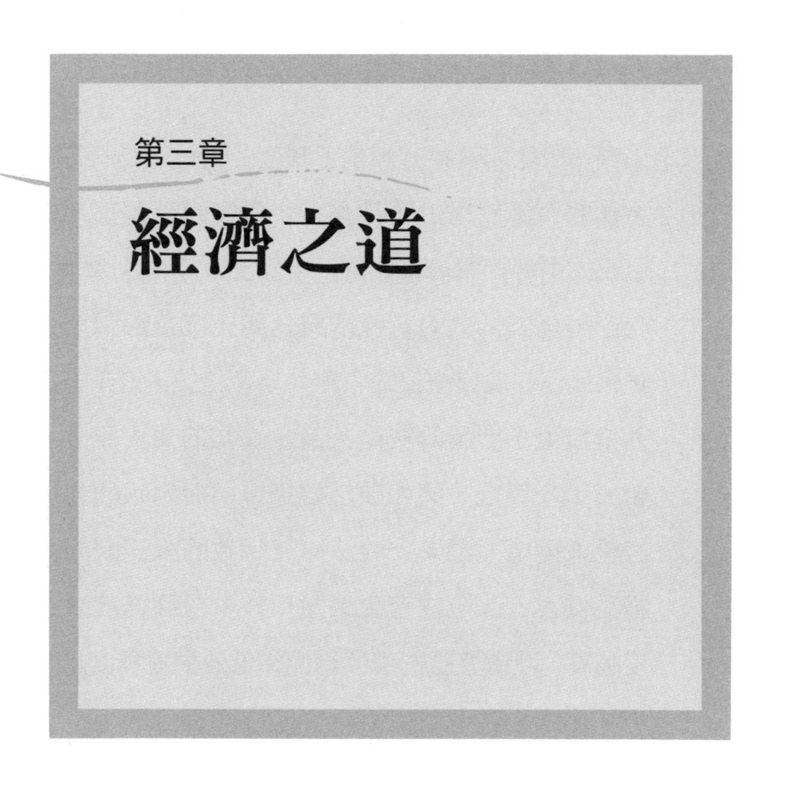

第三章

經濟之道

一. 信仰維度造成的經濟問題

信仰維度的缺失將在生產力的所有環節和要素中，導致生產力的大幅下降。

1）資源（土地，資本，人才，制度）的有效使用有關。帝國的資源使用由於基本上是管制壟斷體系，權力之手的引導相對於市場經濟看不見之手的引導而言，存在著極其低效的資源配置，如比傻帝國和車夫拉馬。只有 5 塊錢價值的官僚，皇帝給與了五千五萬；而價值上千上萬的技術人員、良知的文人雅士，則給與了 5 塊錢。又如缺乏規則導引而導致的各種史詩級大擁堵，喪失公義法律而導致的大範圍的合法權益侵害，都造成資源嚴重損害。信仰維度缺乏程度越高，社會整體的資源錯配和低效配置程度越高。

2）國民財富的提高根源也在於社會分工協作及專業化發展。而分工的程度在於互信。信仰維度越發堅實的人群中，分工更加細化，深化發展。分工更加細化和深化發展，導致了專業化的發展，術業專攻得到更加有效地推進。而更加專業化的發展，導致生產力急劇增長。就如一萬隻三腳貓和一個教授的區別。

3）信任使得社會中的幾乎所有類型的交易成本大幅降低，貫穿於生產、交換、消費整個循環。人們對司法體系具有信任，使得各方都遵守律法。又如在招聘過程中，信息透明情況下，僱主可以找到長久的員工，而員工也不會找到自己興趣不符合的職業，雙方的交易成本大幅降低。而這都有賴於說真話，不撒謊。

4）創新與不斷追求卓越。只有熱心看待周邊人對自己的超越，才能釋放自由的環境，而帝國則熱心於控制資源和管控民眾；只有不斷地否認自我，才能不斷發展，而帝國則熱心於自我吹捧和天朝上國的夢幻；只有持續競爭性的專業化企業主體，在獲得創新優勢的情況下，才會持續對創新進行投入，而帝國對於官營的壟斷和其他經濟的管制，直接導致民間企業的式微和從屬地位，更加無從談起創新。換言之，當社會的大部分人掙扎於溫飽和果腹的時候，整個社會的土壤是活著。而高端的舉人、進士又在悠哉游哉地享受香車美人，亭臺樓閣。帝國看不到創新和不斷追求卓越。

5）穩定社會、公平法制與產權保護等，這是企業長久發展的基礎。人治社會，缺乏律法觀念的國度是不可能有長久安定的。人亡政息，人走茶涼，無恆產者無恆心。一代官僚的隕落帶來的是背後的經濟利益和企業的隕落。

信任是因為可以信任，可以信任是因為相互之間的愛、對於永恆真理的持守、對永生生命的認知和對於真誠文明的認同。只有持守真理的人，才能在危險情況下，不畏權貴，不為利益所動，去違背自己的諾言和對於真理的忠誠；只有這種一貫性（consistency），才能給與人信任的開端。信任的缺乏在於信仰維度的缺失。當一個人缺乏永生的觀念、不認同天賦律法的原則、只愛自己的小圈子以及巧舌如簧不以誠信為做人的根本，則信任程度很難長期和深度維繫。許多社會為了增進信任，付出了讓人近乎瘋狂的成本。擔保、抵押、試用、賒銷、人質等等不一而足。信任是如此難以獲得，就如夫妻之間你織布來，我種田，穿的衣服是暖的，吃的是好的。

大家信仰維度的邊際就是信賴人的邊際。如果人的信仰是血緣家庭，那麼充分信任的邊際也是家的邊際。信任問題直接導致整個社會交易成本更高。

所以，帝國文明是反對分工專業化思想的。為何有人說我們華人：**一人是條龍，一群是群蟲**？由於社會的普遍不信任，以及社會產品的無標準（你信任國家標準的產品嗎），因而個人在選擇產品時，需要很高的鑒別能力才能不被騙。比如一個年輕人要去菜場，每個菜農都說自己是好菜，不用農藥，很新鮮。但是由於普遍的不信任以及普遍的道德品質低下（不是自己家人，往往是害我沒商量，旁人即是地獄而已罷了），年輕人必須懂很多食品的知識。必須知道什麼是新鮮、什麼是施農藥的特徵。同時，這個年輕人要去看病，他必須知道很多醫藥知識，因而醫生很可能為掙錢而多開藥或者開些不必要的藥。

同時，這個年輕人去坐火車，發現火車票很難買，所以為了節省時間，他努力認識一個在火車站工作的朋友，一起吃飯，閒聊。這樣，一旦認識，那麼他就可以

減少火車站上車的時間成本。這個年輕人去讀書，由於教授普遍見錢眼開，因而他必須小心地閱讀老師推薦的書籍，並且他必須在這一方面有所瞭解才能不至於被佔便宜。因而一個帝國的年輕人需要瞭解食品知識以避免菜農騙他，需要瞭解地理知識以避免司機帶他繞路，需要貨幣知識以避免收到假幣，需要醫學知識以防止醫生給他亂打抗生素，需要財務知識以避免股評方士對他的投資不負責，需要天文知識以防止地震局亂否定預測給他性命帶來不虞，需要歷史知識以避免不能瞭解上峰的過去而被上峰冷落，需要菸酒知識以避免在送禮時送假酒假菸，需要電腦知識以避免電腦維修員工給他亂報價格，需要水電知識以防止修理工幫他以次充好。很多人要想享受正常商品服務以及不被斬便宜，需要天文地理、三教九流無所不有。

而且很多人為了行方便，必須花費大量的時間去認識人，認識稅務局、地震局、醫藥局、審批局，每個人生的環節，都需要認識人，才能好辦事，快辦事，才能聽不到假話與忽悠。小老百姓平時走門串戶，托關係，結識朋友等等，都是將自己的熟人社會的邊際擴大的行為。企業也是在各個部門間請客吃飯，忙得不亦樂乎，也累得不亦樂乎，為了自己的各道審批，必須打點上下。官僚也是在不斷地共建，請上峰和同僚吃飯唱歌喝酒打炮，天上人間，蘇杭春曉，有的居然在酒桌上醉死，而很多不喜飲酒的人，更是苦不堪言。為了成為別人的熟人，花費了天量的資源時間，因為在人生需求的各個方面，必須認識熟人，才能享受好的服務。帝國百姓很牛，什麼都懂，認識很多人。

而和一個日本人相比，日本人真是太笨了，日本人怎麼可以和老朽帝國的人比？日本人出去買米，不用知道米的知識，日本農民標簽上說的就是實際情況；去醫院，日本人根本不需要考慮人體結構，全部有醫生負責；買產品，不需要考慮這個產品的質量如何。因而日本人除了在自己工作的領域中不停地探索不停地鑽研，並提供優質產品外，他不需要具備什麼狗屁醫療知識、地理知識、人文知識、歷史知識。當然他如果要瞭解也可以去圖書館。但是日本人太懶了，什麼都不學，自己只負

責社會角色中極小的部分，對自己的方寸之外毫無知識。這樣，一個見識淺薄而百無一用的日本人怎麼可能有帝國人那樣上曉天文、下知地理？並且，假如這個帝國年輕人覺得社會需要分工，所以努力在本行上刻苦努力，但是他一旦在社會中生活，坐火車，發現票被黃牛買了；出去旅遊，遇到黑導遊了；買到假貨發現國家標準破產了；相信皇帝，發現官府耍賴了；社會分工中的相互分工相互信任早已被摧毀了，而制度約束和監管也是紙面文章不作數，整個國家的合力就毀掉了，專業化程度就嚴重下降。

缺乏信仰維度的文化本質上是反對分工的，也無法分工協作。比如，壟斷企業一般喜歡把自身需求全部提供；衙門希望把自己全部管起來；上峰要求秘書既會演講又會寫作，既懂學術，又懂管理，希望是全才。比如，不求人，自己的事情自己做。有些農村的男人，基本上什麼都會幹，擰電燈泡，補屋頂等等，也是由於無法互信、分工思想缺乏等等造成的。如果 100 個清朝人加在一起，與 100 個日本人加在一起，那麼結果是殘酷的。

清朝人每個人都知道菜價如何，如何區分好菜壞菜，知道感冒怎麼治，知道從王府井到紫禁城怎麼走，知道地震前青蛙會亂跳，知道統治者發貨幣會通貨膨脹，但是怎麼也搞不出一個大發明家、大科學家，怎麼也搞不出個無敵艦隊或者博物書籍。企業不能創造出美麗的發明、精巧的產品，因為在社會大範圍內，只有更加細緻的分工，才能創造美好的合作。更細緻的分工，意味著我們每個人可以專注更少的領域，做得更加精緻和深入。而帝國企業只能進行一些簡單工序的製造，而像汽車、航天等等依靠多行業、多人群的產業，幾乎完全處於落後無能狀態。

但是100個日本人在一起，一個人只負責一件事情，其他概由他人負責，且充分相信對方，一會兒這個領域產生了突破，那個領域產生了突破。要知道像大飛機這種工程，需要幾百個上千個細分領域的合作，需要幾代人的科研投入，這樣的分工協作的精度、深度以及持久度，都仰賴於文化優勢。所以，在這方面沒有競爭優勢的民族，往往只能依靠仿冒偷竊。但是，誰都知道，

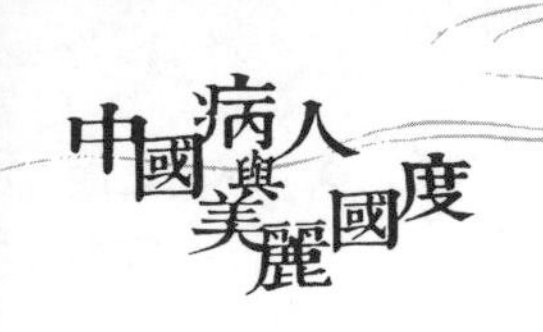

仿冒偷竊成不了科技大國，只不過是貽人笑柄罷了。這樣，購買了大量進口設備，貼上國產標識，就是偉大了民族優越感的鬧劇，無非是漢芯事件的一再重複而已。面對無望的局面，也只能沉醉在文藝的春秋夢幻中，自吹自擂，自我麻痹，面子工程而已。

你只生產你生活需求中的一種，而其他萬種需求仰賴他人。瑞士日內瓦花鐘旁的雕塑法語銘文為「我為人人，人人為我」，而要施行這句話，沒有大愛、律法、聖潔、永恆、真實等信仰維度的支撐是不現實的，因為對於「小愛」等缺乏信仰維度的文明來說，誘惑與墮落永遠會戰勝原則和利益。如果你活在互害的社會中，你將生活在現實的「地獄」；如果你活在互愛的社會中，你就生活在現實的「天堂」。生老病死等基本生活需求成了我們奮鬥的主旋律，我們生活太困苦了，原因是愛我們的人太少罷了。如果有許多人真正愛我們，那麼錢有什麼用，權有什麼用？因而很多人總是喜歡故居舊所，熟人社會，少有遠行闖蕩，除非迫不得已，因為愛我們的人太少。

知識爆炸對於帝國來說絕對不是好事情，古代還有百科全書式的人才，但是到了現代，術業專攻成了時代的主流。然而分工協作不佳的文明中，卻是一種詛咒。因為我們的需求擴張，我們受到侵害的途徑大大增加，這種監督成本是帝國任何人、任何衙門都無法承擔的。就如我雖然會修汽車，但是我不會看肝病，更不會做肝臟手術。如果我不相信醫生，那麼如果我自學肝科的話，估計我到死，也不會肝病手術，知識太複雜了，人的精力無法做到全才。所以，以後知識更加多後，很多人必須學習更多知識來自保。很多人就是讀書讀到天荒地老，也不會幸福，因為專業化進一步減弱。這也是很多人一輩子窮忙的本質，很多人生產力不高的本質原因之一。很多人擺脫不了內捲的宿命。而沒有細化和深化分工合作的原因本質在於信仰維度的缺失。

假如一個人生活中有 36 個方面需要別人的專業能力服務。而這個人只有自己的一個專業能力最好的照顧自己和家人。按照家天下同心圓的原則，他會用自己的專業能力的 50% 去照顧家人以外的人，如果這個人的良

心大大的壞，又非常貪婪，不在乎死後的名聲，或者家人急需用錢，他很差錢的時候，他就會更容易用專業能力去剝削侵害別人。同理，這個社會中，其他 35 方面，則需要其他 35 個家族的專業服務，他面臨的最壞的情況就是他的生命中，只有自己的一方面是對他好的，享受了專業的服務，而他生命中其他 35 個專業方面，他都享受了非常差、甚至是有毒的服務。就如我們去醫院，醫院總是把最好的車位留給領導和本院職工，外來看病的人在大醫院停車很多時候是一件非常困難的事情。而這些醫院的內部職工停車位可能還空在那裡。這是最差的情況。為了改善他的生命，他就要結交朋友，升官發財，混跡社會，這樣，他通過交友，聯姻親，升官，金錢等等途徑，又結交了 5 個家族，那麼他生命的 36 方面中，有 6 個方面享受到了專業優質的服務。在中國社會中，任何人在追求擴大化的其他家族提供的服務過程中，都需要花費大量的人力、物力。我們可以理解為，中國人追求幸福需要付出的成本，較之其他社會要難得多，因為家天下，官本位，權錢社會中，本身的信仰邏輯是對自己好，那麼相對對其他人就要不好。

而信仰維度堅立的地方，有永生的觀念，有律法的觀念，有博愛的觀念，有真實的觀念的地方，同樣是 36 個專業方面，每個人都用自己的專業，高標準的優質服務，去服務於包括自己家族在內的所有人或者大多數人，那麼這個社會中的任何人，享受的專業服務就是 35 個方面的專業服務，或者 36 個專業服務。在家天下的社會中，人們平均享受到了 10 個方面的專業服務，而在另外 26 個方面，則收到了垃圾服務甚至是侵害，而且這 26 個方面，甚至是這些家族故意或者有意這樣的，你也可以理解為互害社會。

在這樣的社會中，幸福很難，不幸很容易，就如交易成本高一點就大貧，交易成本低一點就是大富。而在信仰維度堅立的社會，人們平均就會享受到 34 個高質量服務，還有 2 個也是由於其他原因享受不到，如交通不便，信息不通等等。一來，一個人努力在 1 個方面做到最好，但是其他方面一無所知；還是在 36 個方面都略懂一二，成為三腳貓型百科全書，大概率下面，大多數人肯定會選擇後者，成為樣樣都懂的「通才」。二來，術業專攻，一個人用自己的專業水準服務他人是件很容易的事情，而其他人想要達到這種專業程度卻是非常艱難的。例如齊白石畫個蝦，只要幾分鐘，卻是神來之筆；而普通人畫上 10 年，都是歪瓜裂棗版的青島大蝦。

反過來說，像屠呦呦這樣的科學家，簡直是家庭之害，除了青蒿素，啥都不懂，家人埋怨，各種吃虧，也不認識人，三次都評不上院士。最後，還是美帝看她可憐，評了個海外科學院院士，屠呦呦算是熬出了頭。但是這是極小概率事件，對於老百姓而言，還是多認識點人，多長點知識面，對自己更加有利！整個文化是反對分工協作、術業專攻的，這樣互害社會、相互拆毀的文化中，常此以往，中國將會是積貧積弱，貌似遭受詛咒；而在信仰維度更堅定的地方，人們享受的其他方面的專業服務數量就更多，而美麗國度則是富饒頑強，確實蒙受祝福！有人調侃，西方是生活，東方是生存，雖是戲語，卻是實情！而歐洲改教時期，很多改教者建立「地上天國」的歷程歷歷在目，其遺風流韵澤被當今。

二.缺乏互信與囚徒困境

馬太效應反映了一種正反饋的現實：上天堂的人，會越來越幸福，沒有的，還要獲得，不斷加增。下地獄的人，會越來越痛苦，有的，還要失去，不斷失喪。一個家庭或者一個國家，循環幾代，便產生巨大差距。生產產品的時候，遇到的一種問題是顧客預期你的產品就是低檔的，並拒絕支付高額的溢價。而產品生產商也預期到了這一點，他必須偷工減料，不然他的產品到了市場上，即使質量上乘，也一般賣不到好價錢。這樣很多產品就是低端的代名詞。一個企業中，員工預期老闆會剝削，那麼就會用盡一切機會去偷懶，去偷盜。而老闆預期到員工的偷懶，必須強調克扣工資，延長加班時間。

再比如，其實衙門裡還是有很多有抱負有希望有道德有原則的官僚的，但是在許多供應商跟其交往過程中，他說我不收賄賂，那麼供應商肯定想，難道他嫌送的太少？如果拒絕，那麼供應商就要嚇死了，馬上送更多，甚至送到自己的頂頭上司那裡。而許多供應商有時候也不想送禮，但是他預期如果不送，後果會很嚴重，那麼他就一定要送禮。所以弄得一方面不得不收，一方面不得不送。這樣人們認為無官不貪，而民眾也成了所謂的刁民。所以，企業從生產運營、人員管理、產品銷售到衙門關係的全流程中，承擔了大量的交易成本；但是包括消費者在內的所有參與方，都非常辛苦和困苦。在這個惡性循環中，除了貪官享受超額收益外，其他都是失敗者；而貪官在於道德價值方面，則屬完全的失敗者，錢來得不乾淨。

在這種囚徒困境下，反映出的是我們都假定對方是權錢為人生目標的，對方喜歡錢喜歡權，喜歡女色喜歡文物書畫，即使最終的結果是對群體是有害的；那麼我們所要做的就是沿著不信任的道路，不斷地往下走，不斷地重複悲劇，不斷地把美好破壞。而我們一切的出發點的潛在假設，都是別人是不可信任的。沒有長久的生命觀，沒有良好的契約法制意識，就不會有效約束背約行為。而我們企業的各種形式的「履約保證金」（如加大廣告投入、增加無條件賠付金額等等措施讓人信任）就會增加，企業成本也會增加。因而我們幸福缺少，因為我們缺少愛。因為權錢標準下，我們本質上是無法彼此信任的，我們也沒有能力信任別人，因為隨便信任別人是要吃虧的。

悲劇的是，互害社會到處是囚徒困境。一方面，我們由於缺乏互信，無法合作，到達優化狀態，因而生產力大大下降。另一方面，在既有的生產力下面，又面臨天量的浪費。假使古代某醫療機構的服務總價值恆定，那麼該服務的價值大部分將用於皇親國戚等權力者服務的項目上。服務量恆定的條件下，只要對於權力者提供了優質服務，黎民百姓的享受額就會大幅減少。

同時養尊處優的權力者的慾望的滿意度遞減，因而，需要浪費更多的資源來使其達到先前一致的效用水平。即一個雞腿能讓老百姓顏開，而必須連城遍野的烽火才能讓妃子一笑。因而，老朽帝國的所有資源分配的問題，都會遇到這個問題，不論是醫療資源、教育資源、財產資源、公共品資源：當過多資源被權力者集中低效率地浪費使用，而普通百姓則在稀缺的資源中殘酷地競爭；或者說，權力者享用著超級低價而優質的資源，普

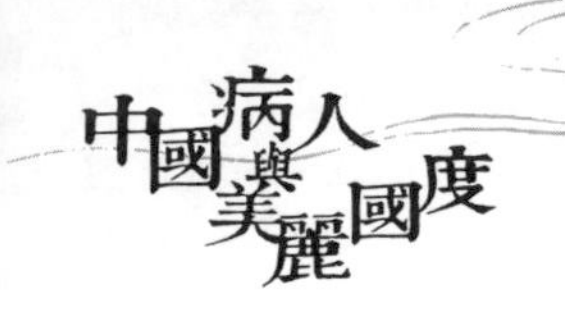

通百姓則花費大價錢買回劣質品。法國大革命就是這樣的原因爆發了。

衙門壟斷集中於皇帝的人，而不是掌握在真正能夠為大眾服務的人；官員中德才兼備的人往往被打入冷宮，不被看待，而是溜鬚拍馬，自矜自誇，官僚習氣，拉幫結派，毫無原則，惟命是從的人佔上風；經濟上，真正創造價值的勞動者得不到好處，而那些尸位素餐的衙門人士拿了大頭；這樣少有的德才兼備之人也向著尸位素餐努力鑽營，努力讀書的目的就是以後可以不努力讀書了。庸庸無能之輩價值被嚴重高估，而才德兼備之士則日漸凋零。所謂比傻帝國，所謂車夫拉馬帝國。統計歷史上的盛世時間，其實佔比非常低。生產力，文明，創造力以及清廉高效與我們卻是漸行漸遠。錢鐘書民國時不也慨嘆這年頭不愁有人請你吃飯，苦惱的是沒人讓你憑本事吃飯。

三．管制壟斷小農式的帝國經濟

作為皇帝而言，他的話語就是法律；作為統治者，他必須壟斷社會資源。在經濟上，必然會選擇管制壟斷性經濟模式。所謂的管制壟斷經濟，即是皇帝身邊的人主要控制重點產業，譬如鹽鐵官營。官營經濟一方面控制軍事方面的大部分產業，為了維護統治需要；一方面像食鹽、絲綢、房地產等等，屬特許壟斷模式，沒有生產成本等優勢，主要在於向治下百姓收稅目的。

在官營經濟之外，則是所謂的小農經濟和小工商販，技術含量低，生產效率低。而對於官營之外的經濟模式，衙門採取了收稅、科拿卡要、審批管理、以及腐敗的司法體系向民間漁利等模式。

社會生產主要由普通百姓完成，勞作辛苦，但所得稀少，備受統治者剝削，天災人禍之後，往往形成動亂，成為我國農民運動形成的原因；統治者尸位素餐、暴殄天物、驕奢淫逸，付出稀少，但佔據主要收益，比如紈絝子弟八旗軍。或者說帝國的百姓購買衙門服務方面付出了天價，而獲得了十分劣等的服務，有點像奴隸社會。

在古代帝國經濟中，頗有點計劃經濟的味道。假定皇帝愛好木匠，那麼舉國皆鑽研木藝。由於上方愛好，必須投其所好，方可加官進爵。因而人類的興趣繁多，職業甚為蕪雜，但是在皇帝的個人意志的影響下，就會看到社會追捧的職業和技藝僅為少數，比如古代的儒教為代表的官僚體系即為計劃經濟體制中唯一的主要獲利群體。那麼社會資源本來需要合理分配，但在帝國內，資源被集中在金字塔頂端的消費上、愛好上，並將整個社會資源也導引到少數部門、事業、技藝上。因而世界潮流變換的時候，儒教國家錯過了工業文明，導致極度落後愚昧，因此也非常類似計劃經濟體制。

這樣不僅造成該種技藝或者部門在得寵時佔用過多資源而產生浪費。任何事物，在效用產出最高比後，都逃脫不了效率遞減的規律。而社會生產力爆發的行業，往往不能事先預測。所以投資收益率高的行業得不到有效投資，而皇帝喜愛的行業浪費過多資金。另一方面，由於其他社會部門的資源被剝奪，導致貧弱或者式微。即壟斷行業生產過剩，之後衰退。而其他行業生產不足，產生短缺。

計劃經濟本質是短期局部供給過剩，吸收過量投資，導致其他行業式微；長期看就造成社會的全面短缺。所以我們看到，在老朽帝國，儒家興盛，詩歌傳世，但是百業凋敝，科技不舉，哲學落後，最後儒教也是起起落落，不成體統；蘇聯計劃經濟的傑作是重工業，資源則以剪刀差獲取（政府以低價從農莊收購農產品，以高價將工業品賣給農民，因為交易價格是控制的），此舉將整個農業摧毀，元氣大傷，就是到了解體的時候，仍未恢復，而失去了健康的經濟支撐，軍事力量也是不斷式微。

英國著名經濟學家哈耶克也提到，面對變化的市場，計劃經濟主體無法有效及時收集、處理數據，並做出正確計劃，計劃模式經濟注定破產。前蘇聯模式並非共同富裕的墶本，最終導致的是共同貧窮。

再舉個例子，百姓收入100，但是壟斷產品如鐵業、鹽業、交通、教育、醫療費用70。（如果存在充分競爭，那麼民眾只要支付30元就可以享受到相關服務）。

在壟斷情況下，民眾剩下收入 30 中可以成為有效消費。但如果產業升級產品的價格在 35 元，那麼該產業升級無望，由於市場沒有有效的需求。同理，在充分競爭的情況下，民眾剩餘收入為 70，市場需求上升，企業可以進行產品升級和產能提高，供應價格 30 元以上的產品，且市場容量擴大可以通過供給循環而不斷擴大市場規模，消費和生產同時擴大，也帶動技術以及規模經濟的產生。一方面，數據可以看出帝國奢侈品消費如此強勁的原因。另一方面，民眾必須忍受的效率損失：實在損失，比如斷橋、炮彈裡面是黃沙這種劣質品；潛在損失，即產品、服務質量不值所付出的代價。

反過來，自由市場假如稅率較低（如果稅率太高，將遭到各個集團抗議），但是由於經濟規模較大，生產消費巨大，反而稅收收入等公眾收入較之老朽帝國要多，且由於稅收增大而民眾福利提高。因而，清朝的官僚每個都比一般的西方人富有，但是畢竟整個國家太虛弱了。

帝國的老百姓為什麼這麼困厄呢？本來收入 70 可以買衣服、鞋子、思想家的著作、出國旅遊、購置房產投資，但是現在 70 用來購買衙門及壟斷經濟服務（本來只需要 30），百姓沒有了思想家、沒有了藝術、沒有了個性化的生活。所以，老百姓不得不苦。而那些財富集中在統治階級手中，也逃避不了浪費和糟蹋的命運。

就如皇帝的後宮佳麗，浪費了多少美女，造就了多少光棍。且萎縮的市場不能支撐一個獨立的服務業體系，衙門豢養了大量的打手和文妓（林語堂語）。知識分子為天地立心，為百姓發聲，對不起，百姓買不起。除了頂級學者之外，其他估計也只能為稻粱謀折腰了。要知道，在帝國，老百姓吃飽飯有衣服穿就是盛世！

同理，企業本來面對購買力較弱的市場需求，就必須提供低價產品。低價商品的產生就只能給工廠職工低工資。同時在萎縮的市場中，企業還要面對海量的競爭（在不受限制的行業中，購買力少而供應者多），必須不斷縮減成本，所謂「內捲」。而大量的低價競爭，使得大多數工資收入的百姓的消費水平下降，導致整個社會需求下降。有些企業就必須依賴假貨、劣質貨為生過活。而低價商品、萎縮的購買力，也限制了企業擴大規模、提升產品質量、以及進行科技改良的實力。這就是為何帝國是世界奢侈品的樂園（壟斷既得利益者），同時，品牌往往都是低端品牌（老百姓沒錢）。

而我一直堅信：通過不斷壓低職工工資達到的競爭效率，終將導致生產過剩；通過高額稅率，劣質公共品造成的國富民窮，終將導致天量浪費。因為收益歸屬於官僚體制；而產業方向也控制在官府之中。

集中大量其他社會部門的資源發展少數行業，這個是帝國的拿手好戲。十年的錢，一年花，能不快嗎？十個行業的錢花在一個行業，能不快嗎？全國的錢，花在一個頤和園，能不快嗎？像蘇聯的重工業的高速發展令世人驚訝，但是殊不知卻是犧牲了萬千的農民利益和知識分子獨立性的慘重代價換得。

但是這種飲鴆止渴的高速發展由於是不平衡的沒有後勁的，也必然不能長久。同樣，經濟學中著名的論斷來形容納粹（學名為：民族社會主義德國工人党）的優越性：在納粹德國和意大利，有著讓英國鄉下人汗顏的高速公路系統，但是經濟學家就問：這些高速公路上有多少車子在開呢？其實納粹的投資是浪費的，就如我們皇帝的皇陵、後宮，或者通往無何用之大橋，蔚為壯觀，但是實質上是一個帝國失敗的象徵。

計劃經濟滿足於皇帝的個人愛好，完全沒有財務約束，也不太會滿足底層需求，意味著沒有市場需求，無法實現投資回收。計劃經濟體制的重點投資領域，只要有一個領域出現投資過度，就會損害經濟；而重點投資領域成為既得利益團體後，會持續獲取如蘇聯中央計劃經濟辦公室的持續投入，將會嚴重損害經濟。假以時日，就會傷筋動骨，嚴重毀滅國民經濟，這是蘇聯計劃經濟和皇帝導向經濟給與我們的殷鑒。

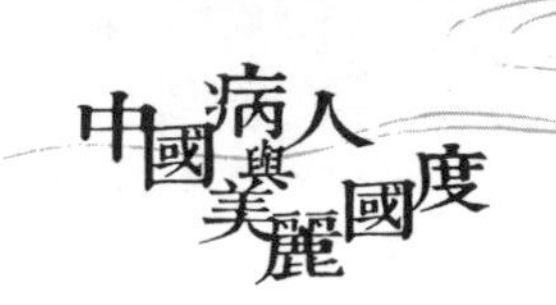

四．特許壟斷和裙帶經濟是萬惡的

對皇帝而言，大權獨攬和經濟壟斷是合一的。統治者必定會壟斷暴力機構、大部分經濟生活以及思想領域。這樣可以通過不動聲色地向民間抽血，來解決權力上層的浪費所導致的財政緊張。並通過一些文妓的宣傳，愚蠢百姓的智商和理解力，使其不辨美醜，自己遭到剝削還以為是天經地義；使其聽不到正義的聲音，或者聽到了肺腑之言，清正之聲，也當作狗吠狼嚎，極端不穩重。在上者，深受絕對權力絕對腐敗之害；在下的，患上斯德哥爾摩綜合症。

一個國家的上層建築中近親繁殖佔有的比例就可以大致估計該國的國力如何。當帝國開創之初，都是打江山的人物，刀光劍影提著腦袋過來的，都是有才能之士，因為交戰兩國，不是你死就是我亡，位置上的人都是靠競爭打拼而來。但是打下江山奪得權力後，就開始近親結婚了，門當戶對是也。所以帝國的特許壟斷和裙帶經濟聯合體成為帝國最重要的經濟模式。

同時對於任何正義力量、反抗精神進行武力鎮壓或者重金收買。壟斷的達成不僅需要暴力後盾，還需要封閉的環境。萬事萬物都籠罩在權力的控制範圍之內，無論是思想、產品、個人還是組織結構。

這也是為何很多皇帝喜歡閉關鎖國的原因，權力的封閉性、地域的封閉性與思想的封閉性相輔相成、相得益彰！而那些丟了寶座龍位的皇帝或者官僚，都是因為存在權力控制的真空，沒有好好控制和愚昧下屬，讓別人壯大發展，最後被別人踢下。

所以，紅軍要在大別山做根據地，而不是將城市作為據點——那裡沒有發展的空間。

從微觀角度，由於特許壟斷存在，抑制競爭，首先使社會供給減少，減少了就業與企業數；壟斷也導致科技創新、擴大市場等變得徒勞，摧毀了現存的或者潛在的優質企業；同時廣大底層老百姓為了生活必需品，如鹽、鐵支付過多，除溫飽外，不能進行有效投資，去擺脫物質精神貧困；民眾貧病愚鈍、則無需求、無市場，進一步抑制供給。企業減少，造成社會失業嚴重，工資低下。如此惡性循環，無窮盡也。

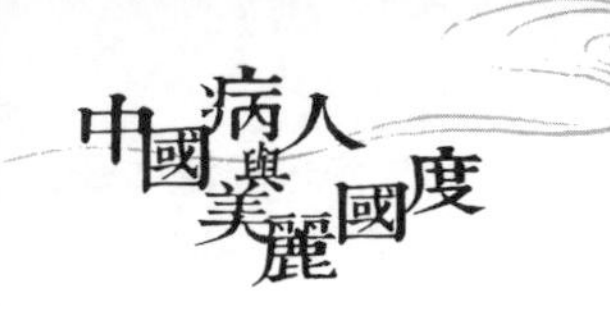

壟斷者為了限制競爭，必然喜歡閉關鎖國，子承父業，減少國際間貨物或者人員的往來，減少百姓參考的度量和眼界的開闊。

反過來看，帝國泱泱大國的壟斷企業，只要出了這個封閉的系統，就是猪狗不如的東西，因為誰都競爭不過，所以只能關起門來成一統。

北洋水師號稱亞洲最強水師，被日本海軍團滅，奇恥大辱，無過於此。而權力者個人慾望恆升，但滿足的刺激效益遞減，需要更多的資源滿足其淫慾，導致虧空日劇，需更加迫切要剝奪普通勞動者，因而百姓被不斷剝奪，直至紋絲不掛。

這樣國家日漸貧弱，要麼揭竿而起，要麼列強打破攻入。所以，鹽鐵的清朝，在國家迷戀鴉片之後，也終於壓垮駱駝的最後稻草，終於回天無術。

既然壟斷這樣壞，為何還是成為帝國統治者的選擇？因為帝國的價值觀，即內在的家庭血緣利益至上，以及內心權錢追求的核心價值。

壟斷，顯然可以為小家庭獲取長久、穩定而且輕鬆的利益；壟斷也可以削弱被統治的消費者的實力，不是更加能夠鞏固權力和金錢嗎？利比亞的格達費不是埋了很多黃金嗎？這樣，這些錢可以用來支付家人的驕奢淫逸，而且還可以使老百姓買不起武器，天天忙著糊口飯吃，沒時間七想八想，還可以用來僱傭非洲兵，亂殺無辜。

這裡，格達費做對了很多事情，就是做錯了幾件事。要想當皇帝，必須讓老百姓整天忙碌糊口，沒時間獨立思想，胡思亂想；要想當皇帝，必須禁止信仰，強調生命至上，這樣子彈才能封口；必須宣揚權錢思想，這樣權力才能控制而金錢才能贖買靈魂；要想當皇帝，就必須加強控制，防止外面的信息流入，這次居然是由於一個小販死掉而引起的，可惜格達費一世「英名」，居然被這個小販引起的革命給掛了。

帝國壟斷行業帶來的超額利潤，對任何一心搞實業、一心搞科研、一心通過市場、產品銷售等擴大企業利潤的行為都是一種虹吸。優秀的人才只要到了這種不花力氣也能掙錢的地方，為何還要累死累活搞什麼科研，搞什麼市場？

　　這樣，古文老師搞了幾年學術，學而優則仕，去當官了；天文學家，混了幾年學術界，學而優則仕，去當太子太傅了。為什麼？一個無本包賺的買賣，誰不會去做？那些人奮鬥努力，達到有才能的程度，不都是希望自己鯉魚跳龍門，擠入壟斷行業？這樣日日笙歌燕舞，尸位素餐，豈不快活？自己的那份才能和抱負，壓在箱底，用進廢退也就無所謂了。

五．鹽鐵官營的宿命

孟子曰：民之為道也，有恆產者有恆心，無恆產者無恆心。苟無恆心，放辟邪侈，無不為已。沒有恆產，只圖當前。產權保護程度越高，則人民積累財富的恆心越高；產權保護薄弱，積累追求太多也是給他人做嫁衣，小富即安，只圖眼前；從長期看，富有者的資產固然能夠被剝奪，但是貧窮者的後代積累之後也會被剝奪，因而長期看私產保護薄弱導致長久的貧窮。日本明治維新，三大政策之一，經濟政策為土地私有，則放飛了生產力。十八世紀，德國國王威廉一世為建宮殿而強拆一個釘子戶的磨坊，磨坊主直接起訴國王，法院判國王敗訴。這因此成為私有財產神聖不可侵犯的佳話。後來英國首相威廉皮特就此故事的意義，曾說了一句名言：「風可進，雨可進，國王不可進。」

從信仰支柱看，如果從永恆的角度看，愛人如己帶來的就是互相關愛的結果；自私自利導致的結果就是互害社會；產權保護薄弱導致的土匪模式，最終人人都會赤貧，包括土匪；人人就是土匪，都會赤貧。所以以永

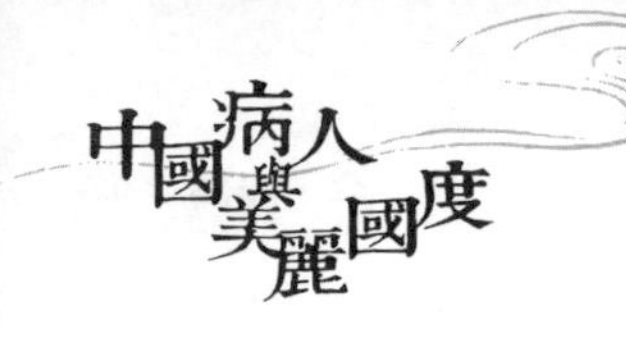

恆的眼光看，私產保護為智慧手段；從律法的角度看，隨意剝奪他人財物，盜竊顯然不公義，堅守律法之人斷不以偷盜合法。從博愛的角度看，愛自己就是在自己做皇帝的時候，普天之下，莫非王土，率土之濱，莫非王臣；隨意剝奪，肆意佔用，才符合權錢社會的本質，血酬模式的擁躉。而博愛則是尊重他人的財產，尊重他人的辛苦，不隨意增稅，不隨意盤剝，不隨意搶奪。從道德的角度看，孟子曰：無恆產而有恆心者，惟士為能。不貪戀權勢，醉心道義，唯君子可以。

因而信仰支柱的支撐越多，則私產保護程度越高，從使用期限到永久產權；從法律保護到人人擁護。信仰決定了產權制度的取捨。而非反之，倉廩實而知禮節，衣食足而知榮辱實為誤導。長期看，應該是知禮節而倉廩實，知榮辱而衣食足。因著信仰支柱的支撐弱化，私產保護逐漸減弱，那麼貧窮將不斷襲來，揮之不去。鹽鐵官營是對私產保護的極大破壞、極大羞辱和極大犯罪。

幹活，拿錢，不光榮，這是小老百姓做的；不幹活拿錢，那才叫成功，那才叫面子，那才叫官僚。希望自己幹簡單的活，拿複雜的錢，而讓那些跟我們無關的人幹複雜的活，拿簡單的錢。最聰明的辦法就是創辦官營鹽鐵。首先把簡單的活圈起來，這是關係社稷的大事，你們升鬥小民不能幹。簡單的產品定價極高。而那些苦活累活，就丟給民間，讓他們幹辛苦複雜的活，通過稅收、攤派、額度等等盤剝他們，讓他們拿可憐的錢。鹽鐵官營其實是統治者收稅的另一種方式，同時也是豢養自己的親友、寵臣以及自己爪牙的行業。比如曹雪芹的祖上就是江南織造，是個肥差。

官營鹽鐵往往低效，在乎 1）產權的缺陷。老闆不是所有者，利益函數不一致，花別人的錢總是大方的，自己好處不多總是不積極的；2）過度的保護。朝廷通過市場准入、信貸補助，造成不需創新、不需服務客戶也可以獲取市場，造成競爭力衰退，形成企業界的紈綺子弟，吃的是奶，擠得是草；封閉體系最容易腐敗，絕對權力絕對腐敗。3）決策容易失敗。政治掛帥，往往導致決策目標不清晰，決策過程太漫長，無法處理有效信息。內部控制繁瑣，嚴重影響效率；4）腐敗和績效：

內部爭權奪利，構陷猜忌，無法凝聚力量。不幹活的拿錢多，幹活的拿錢少。權貴的二奶三姑什麼人都有，爭相偷懶甚至腐敗。5）劣幣驅逐良幣，由於官辦的政府信用性質，其抵禦風險能力遠高於一般商業企業，導致在危機中、鹽鐵官營企業成為僵尸企業，吸血鬼企業，老是不死，佔據了大量的市場容量。因而廣泛的官辦經濟將導致災難。歷史數據顯示，全面國進民退之後三至五年，一般就會面臨經濟危機。

為何壟斷產品品牌不多？品牌的內涵一是品質，二是長久。優勢的資源集中到了壟斷領域，而壟斷產品往往很難做好（因為不需要），資源上的錯配導致不可能產生長久的信譽；其次沒有恆久的精神，品牌如何傳遞和維持？即使在私企中，很多人是血緣近親傳遞，而非真正的企業家精神傳遞，即品牌的關鍵在於品格的傳承；沒有長久，沒有品格，有些人只有賺一票發財的動機，只有全國每人買我一次假貨我就發財的動機，只有污染環境謀求短期利益的動機，只有漁網網眼變小，一次撈足的動機。因而長久的品牌如此稀少。

六. 循環和迭代效應

資源壟斷下，由於百姓被剝削殆盡，沒有消費能力，無市場推動力量，更難以支持企業市場擴大、規模擴大以及科技創新等競爭模式，這樣我們的企業永遠是低級、弱小（擴大內需之難可見一斑，而且內需不僅指資源產品市場，也在於精神和科技市場）。而統治者要過驕奢淫逸的生活，必然加強資源的攫取。那麼老百姓就更加貧窮，那麼我們的企業就更加弱小不堪。這個是第一個經濟上的惡性循環。

一些自由知識分子、社會獨立力量、科技能人便日漸萎縮，不是被消滅，就成為豢養，民眾也日漸庸俗愚昧。由於統治者的講話會成為行為規範，最高指示，控制傳達到帝國每個角落，成為衙門、暴力機構的行為範式，不容置疑。對於獨立自由思想必然進行剿滅、收買、豢養和消滅，那麼民眾將在統治者的意志中生活。而統治者的墮落、愚昧，某種程度上，在長期是必然的，那麼整個國度的精神領域展現的不斷下降的道德、視野和智慧。而喪失智慧的民眾，也將使得統治者更加肆無忌

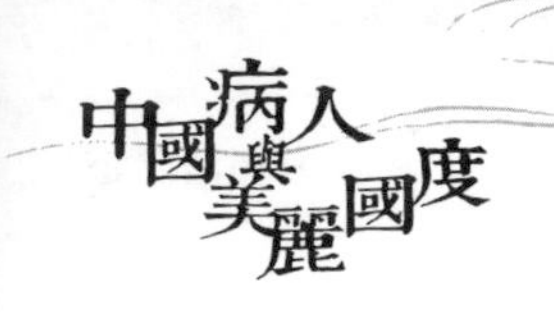

憚，更加放縱、囂張和驕傲，更加瘋狂地走向極度荒謬、無恥和愚昧。這是第二個精神上惡性循環。當然我們也可以舉出帝國太多的惡性循環。比如資源環境的惡性循環，大家爭相污染；帝國的儲蓄的惡性循環，民眾存錢，由於沒有衙門的公共品提供；而衙門獲取了民眾的存款，可以通過各種方式浪費，盤剝。而民眾就會更加強調儲蓄應對人生的不確定性和無奈；帝國金融的惡性循環，醫療的惡性循環，教育的惡性循環，缺乏信仰維度的支持，帝國面臨的長期困境會越來越多。

自由知識分子本來要為天地發聲，為百世開太平，但是他發現，他的學說市場上根本沒有消費者或者說沒有有效需求。喜歡他學說的被壓迫者根本沒錢購買他偉大的學說書本；而他也要活，也要生娃，也要養老，而統治者就對這些不聽話的知識分子說：看，沒人稀罕你的學說，乾脆到我們的白鹿書院、或者國子監當個祭酒，每天上課讀讀書，教材抄抄舊，日子過得美滋滋的，學堂講講學——但是講稿必須符合孔子的微言大義——不離君臣父子、不棄忠君報國。大多數有思想、有抱負的心靈年輕的自由知識分子大多都被豢養了，雖然道理都懂，但是沒辦法，只能犬儒；不被豢養的命運是悲慘的，清朝的金聖嘆哭廟一次，便頭顱落地。對於特立獨行的知識分子的鎮壓一向是嚴酷的。

古代由於沒有獨立於權力體系的社會資源存在，如果不為當權者使用，百姓沒有消費能力使用，又沒有反對派，又沒有獨立的第三派別，不被豢養、抗拒不從的自由知識分子，最終不是貧病交困，就是噤聲而默默無聞於世間。而混得好的知識分子呢，由於喪失了獨立性，喪失了自由的學術精神，只能講講訓詁學。整個權錢社會是內生傳染的，貧窮的民眾放棄了希望，以權錢為目標；喪失了原則的知識分子，成為附庸和幫兇，以權錢為目標；權力者享有不公的利潤，那麼要緊握權錢。權錢徹底統治了沒有信仰的人。這是人生追求的惡性循環。現實主義者必須不斷現實，不斷為了困苦的境地而不停的現實，為了錢而放棄公義、互信，這樣不斷的苦難貧窮，就更要成為現實主義者。

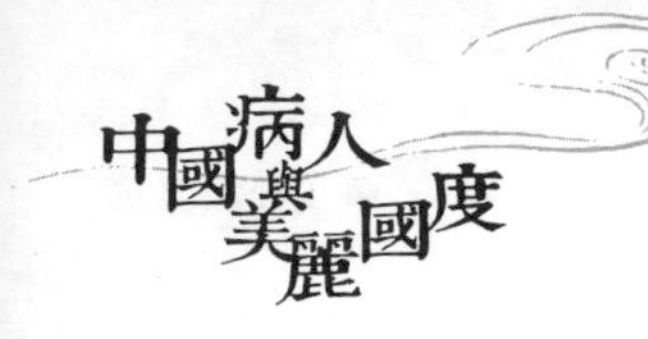

七．經濟上的輪迴

帝國社會永遠是壟斷化太重，而自由市場化太少。皇帝的命令不受任何約束且對任何人具有強制性，一旦一項促進生產發展的政策被執行；且有整個政權的浪費被約束，官僚遵紀守法，減少對民間的騷擾和剝削；開放民間的限制，產權被有效保護；並且市場自由化，擴大底層民眾對經濟蛋糕的分配比例，一個帝國可能很快就能釋放巨大的生產力，要知道我們很多人的羊群效應，從眾心理是很強的，且底層百姓以吃苦耐勞著稱，能人巧匠也多。

由於政權穩定第一，那麼壟斷化越來越嚴重，上層浪費日劇，而經濟效率每況愈下，民眾窮困日益，直至崩潰邊緣。

受到現實統治危機的統治者必然要減少壟斷，開發市場，解放普通民眾的生產力。但是這種繁榮是不可長久的。一旦國家經濟有所好轉，壟斷必將重新上演，帝國從來不需要一個強盛的民間部門，而是需要一個活著民間部門。只要企業有盈利，那麼官僚就開始科拿卡要進行盤剝。

而壟斷部門帶給民眾的高價質劣的產品，又給大眾帶來了傷害。你看帝國企業都是又小又弱，大量的街面小店，只能用令人傷心來形容古代的經營環境。而小老百姓的夢想也是出個文曲星，光宗耀祖。

權力至上私利至上帝國的宣傳部門是官家的喉舌，所以，帝國統治階級出了什麼錯，說了什麼傻話，都不會見諸報端，成為談資。

由於競爭力低劣的壟斷部門造成的損害，比如劣質的基礎設施、發黴的賑災糧食、馬虎的安保措施、簡陋的醫療體系、低效的軍備研究等等，所有的漏洞、缺點、低效、馬虎，統統在民眾的視聽之外，一旦產生漏洞也是極盡掩蓋之能事。

要麼武力封口，要麼好處收買，窟窿越來越大，問題逐漸累積，民眾的憤怒怨恨漸漸燎原，所以帝國一般都是風平浪靜，一切祥和安泰，但是無數的漏洞、缺陷、人民的不滿，卻在不斷累積潛伏，一旦遇到天災人禍、

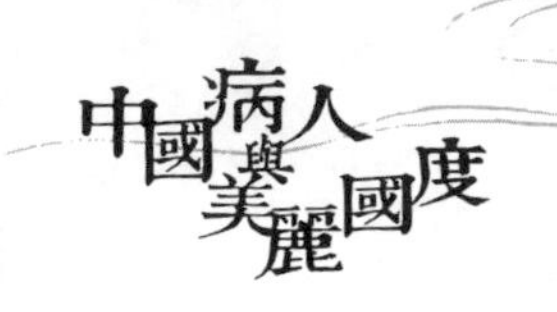

外敵入侵等等，所有的問題一起爆發，國內農民起義，關外少數民族叫陣，局勢亂成一鍋粥，外強中乾的國家一下子就成了強弩之末。

平時，表面上，卻是到處彩旗飄飄、主公英明神武；大臣殫精竭慮、為百姓謀福利，實際上，統治階級天天吃乾飯拉鳥屎不幹活，騎在百姓頭上作威作福。所以說帝國是個不雨則已、一雨驚人的國度。

但是，新的統治者上臺，又有什麼區別呢？沒有什麼區別。財富的輪迴是這樣的：衙門通過稅收或者隱性稅收，把資源集中到了帝國中樞，帝國中樞再把資源分撥到各個地方官府，這裡是官僚對資源的第一次分配。帝國中樞拿了大頭，而獲取了下屬的忠誠。而百姓只能吃到渣。

這些稅收的方式主要通過壟斷和鹽鐵官營等方式獲取，形式分為直接稅收、壟斷高價質低產品，通貨膨脹，攤派，腐敗司法體系等獲取資源。

第二，貧窮的民間則遭受到各種災難。持續的苦難下去，但是人民堅持好死不如賴活。而他們唯一的盼望是擠進壟斷階層。但是由於它們缺乏互信和愛，他們只能忍耐更多，因為不易團結協作。

第三，等到苦難的民眾活不下去了，揭竿而起，對前朝斬盡殺絕，玉石俱焚。改朝換代無非統治階級和被統治階級換下，僅此而已。

第四，把時間延長，每一代帝國十有八九皆是悲苦。放諸四海，歷之萬代，想想古人苦難的概率，所以是長久的悲歌。優秀的人物是如此稀少，幸福的生活是如此難覓。因為我們不符合真理，所以成功特別困難，而失敗又是如此容易。

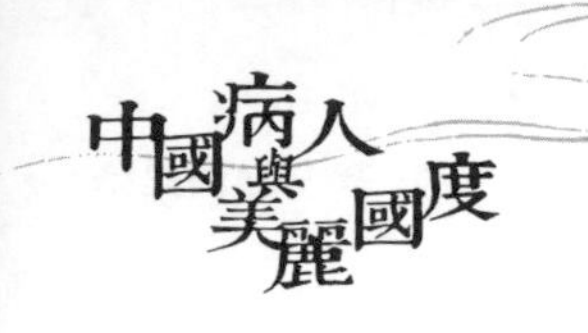

八．職業的快樂和迷茫的青年

我們這裡的職業，似乎少了些激情，很多人都抱怨自己的工作。我想職業帶給我們的榮譽或者尊嚴在於：金錢或者物質上的回報，同時周邊人的認同。

但是在帝國，所有的工商賈技人，他們的物質收益被壟斷統治階級剝削殆盡，而認同又被權力者剝奪。所以他們的個人價值幾乎全部被剝奪，這就是奴隸社會的本質。雖然他們還是如此樂意在自己的身邊進行各種各樣的比較。

真正創造價值的人，如平民，技術專業人士，市場人士，社會服務者，相關產業供應商，所應得到的收益減少。這不僅涉及浪費（權力者的浪費），還涉及公平問題（真正創造價值的人被嚴重低估），還對資源分配產生極其惡劣的影響（聰明人都想當官，幹活的人積極性下降），最終，任何產品、人力的提供，只有優良的價格才能產生優良的服務。

社會上除了權力者外被高估價值，所有社會的大部分其他成員，走卒農戶、工商藝人、包括狀師醫者，天文數學等等文藝科學工作者，都被嚴重低估。低估價值後，社會資源向其投資的行為必定遭到抑制。

而官僚體系，則不斷有人投資。沒有投資的領域的產品供應不足，而官僚體系卻是冗官滿溢，帝國絕大多數重要投資都和考取功名有關。簡言之，沒有生產效能的官僚吸引了眾多投資；而具有高效生產能力的部門卻缺少或沒有優質投資。帝國必然貧窮下去了，物質的貧窮，精神的貧窮以及幸福的稀少！

由於不受監控，也不會受到分權的威脅，因而最終，按照效益最大化，在權力者死後，將由他們的子嗣來繼承權力。由於社會上的壟斷部門對其他社會部門的虹吸，任何壟斷之外的行業，將會競爭慘烈、利潤極低，因而那些好吃懶做而又心高氣傲的富二代、管二代又怎麼會離開壟斷行業，去追求自己的夢想呢？這樣又進一步強化了近親繁殖、子女頂替這種社會現象。

但是壟斷行業就那幾個，但是像真正需要創造力、想像力，以及自己喜歡的木匠、水管工這些職業，大多數忙碌辛苦，毫無尊嚴。這樣，壟斷者的下一代和平民的下一代同時面臨選擇的減少。要麼忍受低工資，忍受剝削賦稅，做門創造社會價值的工作；要麼在體制內，坐享其成，整天打牌，浪費青春，除了拿錢的時候有意義，其他都沒有意義的生活。壟斷導致經濟式微，職業機會減少，加重了底層青年的痛苦。而這又導致壟斷行業內青年更加無法跨越出來。

社會整體看，由於社會壟斷行業發達，自由市場容量較小，年輕人憑藉自身的能力帶來的收益甚為微薄。社會的工作角色也較少，除了官僚，和極其少量的成功商人，就是龐大的勞苦大眾。而勞動是如此痛苦，可能一個年輕人一輩子掙的錢還沒有權力者留下的遺產的利息多，留下的田地的租息多。因而，廣大第二代、第三代去工作簡直是毫無意義的。

在壟斷社會，除非進入壟斷行業的高額利潤率領域，其他領域的利潤率太過微薄，且投資回報率太低，也使很多第二代、第三代認為，與其憑本事吃不飽飯，不如守著財富更合算。人的志向和性格以及生活態度就如逆水行舟，不進則退。在沒有高尚追求的情況下，很多人只能選擇墮落和平庸。一方面，後代的能力急劇下降。另一方面，官場的勾心鬥角尤其嚴重，金鑾殿上並不太平經年，所以就造成富不過三代這一獨特現象。年輕人因此不能憑藉自身的興趣和志向選擇自己的未來，只能依附在畸形的社會部門內。因為父輩的失敗的選擇（導致壟斷部門和社會等級形成）延續到了下一代，而為了父輩的威嚴，必須重複這種錯誤。

所以，青年在帝國內是絕望的。

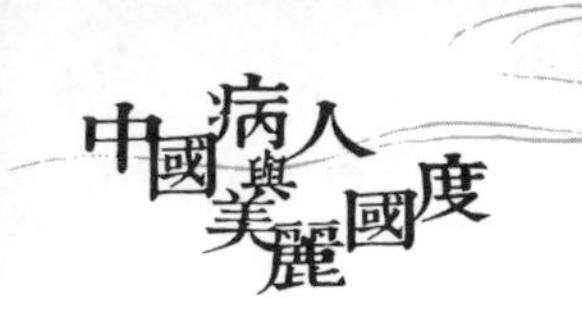

九. 有希望的經濟

包括但不限於：第一要有恆久的精神，才能具有恆久的法制，才能實現公平的競爭，良性的競爭。

第二，恆久的法治中，要有私產保護，恆產者恆心，沒有私產保護，就是生活在強盜土匪國家，老實生產，老實科研，都是要吃虧的，所以都是窮國。

第三，公平正義的法制必然鼓勵良好的契約精神，確保制度框架的公平有效。

第四，破除壟斷，壟斷是禍害百姓，並使得內部人士腐化墮落的元兇，是害人害己的，是導致資源配置低效的重要原因之一。

第五，社會要有互信，才能具有分工，要有契約精神，才能減少交易成本。民眾誠信，才是信息社會中減少交易費用的關鍵。人人不撒謊，則供求信息更加清晰，導致資源錯配的機會大量減少，那麼經濟發展就更加接近於充分信息情況，更加接近完美。

第六，小衙門，有限福利。這樣避免稅收過重，衙門貪腐，供養懶人和貪官庸官。

第七，權力制衡，可以使得權力關入牢籠，而民間的意見可以有適當渠道溝通體現，而監督的權力使得政策更加有效。

第八，良好的民眾風尚，驕奢淫逸的民族，注定要敗壞。

第九，團結互助的民眾，擁有慈善的文化，因為富人擁有善心，才有價值，而窮人獲取幫助，有了希望，滅除了仇恨，增加了我們的安定。

第十，開放媒體，思想的多元和豐富多彩，才是社會不斷進步的本質力量。因為沒有人可以或者應該壟斷話語，壟斷真理。

第十一，創新，不斷地求知，並為他人謀取福利，不斷推進效率，改善功能，並不斷地為他人服務，才是長久之道。而這些的建立，是源於對永生的信念，對律法的持守，對世界眾生的博愛，以及對真實的忠誠。做得越好，則越幸福，社會越高效。

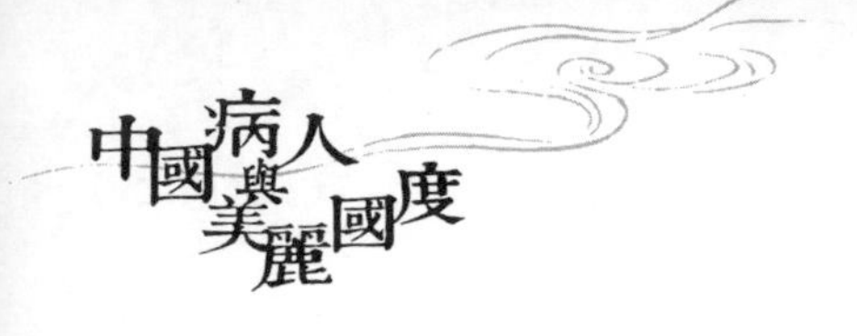

十．彩票國家

封建統治的維繫，需要科舉制度。讓貧窮階層有成為統治階層的途徑。人民雖然生活在水深火熱之中，但是還是要給與他們一點改變的希望，這就是通過科舉改變命運。希望是任何體制、組織和政權存在生命跡象的必備條件。

在帝國的任何行業、任何地域、任何人群，總是存在著彩票現象：一個區域，只有少數人獲取財富和地位；一個單位，只有少數人獲取高官和資源；只有少數人進入重點學府；只有少數人獲得全額醫療。

從古至今，無時無刻不競爭著極其稀少的資源。雖然這些人的概率跟彩票相似，絕大多數人是失敗者。雖然獲得幸福在帝國是如此小概率，但是古人還是孜孜不倦地去追尋，就像古代貧寒之士十年寒窗，終於一朝成名。這相當於彩票中獎，電視直播，全國聞名。

讓一部分人富起來，簡單；但是讓全體富裕，卻很難。讓人一時富起來，簡單；讓人一世富起來，很難。

讓一代強起來，現實；讓多朝強起來，很難。

古代帝國向來只能從事簡單的事情。除了壟斷資源外，一般平民百姓所享有的資源本來就少，還要殘酷地競爭，通過討好上峰分點殘羹冷炙，而且還要不斷受到官府的挑撥利誘，老百姓之間有何信任可言？因而在金字塔同一層次的人，都是競爭者；而大多數人永遠只享受少數資源，必須相互殘害，才能改善生活——簡言之，必須抽底下人的血汗，自己才能過上小日子。

把歷史拉長看待，封建社會中，人的成功率是非常低的，就如目前的貧富差距，有錢人佔總人口的 10% 都不到。假設封建社會中一代人的成功概率是十分之一的話，三代人都成功的概率幾乎是千分之一，十代人都成功的概率則微乎其微了。

在信仰維度缺乏的國度內，長久的幸福是幾乎不可能的，可謂古代「彩票模式」。漫長的時代中，信仰維度決定了幸福的持久度和可能性。

這個就是中國封建的失敗模式，它不能帶來大概率

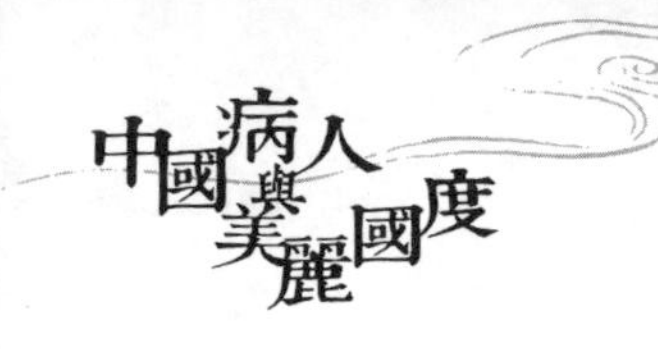

的幸福和長時間的幸福，幸福就是像彩票一樣的偶然；而信仰維度堅立的社會，則社會中人的幸福概率就大大提升，比如 80% 的幸福率，那麼三代都幸福的概率還是非常高，還有 50% 的概率，而連續幾代都不幸福的概率幾乎為零！在封建帝國，過上好日子太難了。富過三代太難了。因為都是小概率事件。而信仰維度堅立的國度，完全痛苦的日子是小概率事件。這就是模式的優勢！而中國歷史上真正的盛世（不是宣傳的盛世），時間加起來連十分之一都不到。

第四章

精神之道

一.老朽、順民、奴才及暴民社會

為了權力的不變，為了特權的永續，官迷都喜歡上了孔儒。孔儒尊重周公禮樂，喜歡文武大帝，固守秩序倫常，認為最好的世界就是皇帝、官僚、平民的社會等級森然有序，毫無紊亂。平民應該安心勞作服從權威，安心當好綿羊；皇帝應該實施仁政，做好自己的上峰工作。在國家，強調等級；在家庭，強調男尊女卑，長幼有序。一方面，建立了權力導向社會，一方面建立了家庭為核心的血緣社會。兩個層面合在一起，不能質疑權威、長輩，不談創新、守舊懷古，最後卻成了老朽社會。

老朽帝國往往不喜歡新奇的事物，因為新奇的事物、辛勤的創造、智慧的管理以及勇氣的謀劃不是皇帝和衙門的擅長、經典主義的強項；創新、智慧、勇氣和探索的東西也讓統治者需要更新知識，創造新的管理體制。壟斷國家必然喜歡穩定不變，最好權力傳子傳孫，永世不易。但是創新讓我們知道新的比舊的好，自由比凝固好。而且沒完沒了的更新會讓統治者累死，且容易產生不易控制的勢力，自然得不到老朽的統治階級的喜愛，得不到驕奢淫逸的貴戚的歡迎，那麼唯一的一勞永逸的做法就是，禁止創新。

古代帝國是個順民社會，因為反抗就是找死，直接送黑牢。而精神物質雙重壓迫下，老百姓早已沒了人性的尊嚴，只能雙膝跪地，靠螞蟻般地勞力，糊口飯吃，成了奴才社會。許多地區民眾遭遇了冤屈，居然成百上千跪在衙門門口，真是斯國斯民。什麼是順民呢？就如舊時軍隊新兵訓練，一堂重要的課就是班長問：「黑板是白的還是黑的？」新兵答黑的，被揍。該新兵答白的，又被揍。該新兵無奈，又答，不知道，再被揍。正確答案是，班長說白的就是白的，班長說黑的就是黑的。舊時軍閥訓兵有道耳！

在這個順民世界中，大多數人精神和物質上都是貧瘠，人與人之間缺少愛；而上層的統治者又驕奢淫逸，以蹂躪下屬為常態；底層百姓貧病交困，面對苦海的人生，很多人能忍，因為沒有希望也無法改變，必須忍。物質上的貧窮展現之一在於許多人也很勤儉。與其說是天性如此，不如說是在殘酷的國度中，由於剝削全面，稅負沉重，為了活命不得不勤；同時，毫無保障的生活，面對人生的不確定性，結婚產子，生老病死，都需要積蓄，那麼百姓自然要儉。

但是，這種國民性是迫不得已的，因為一旦情況改善，那些很多人的一擲千金和驕奢淫逸卻也是不輸人後的；由於家庭之外，毫無保障，那麼自己作為家中的勞力，必須活得長，不然自己死了，全家老小就要餓死，所以怕死，怕事，怕官。

精神上的貧窮在於很多人的精神上普遍缺乏一致性，缺乏對於永恆真理的信念，這種混亂，展現在外部就是髒亂差。精神上的墮落與外在物質上的貧乏和混亂是相輔相成的。一切物質表像和存在形式，都是某種精神和信仰的外在表現而已，即先有精神，後有行為。或者說是一種觀念的變現形式，一些人無視他人的利益，自私自利，唯我獨尊，自然恣意妄為。權錢壟斷，百姓貧苦，也失去了改善物質外貌的實力。國中部分道路的零亂無章，山陵遭到的野蠻砍伐，礦場遭到的毀滅式開採，無不反映這個背後的信仰維度。

而帝國的奴才社會的形成，跟孔儒宣揚的等級思想和忠君孝順思想關係甚密。也跟依靠暴力的壟斷社會的形成，系統中的百姓經濟被控制，喪失自由有關。所以說，歷朝歷代，只要宣揚儒家，尊奉孔子，那就代表百姓的精神世界已經開始凝固。社會層級開始分化，階級之間上升無望，等級漸漸僵化，而整個社會就開始停滯喪失活力的思想，虐今榮占，尊經守舊，真正的道德以及理想開始死亡，社會虛偽化，喪失人性和尊嚴。

但是，只要古代精神上依然以血緣利益家庭利益為最高利益，而外在追求權錢，這種小愛文明不能解決很多老朽、順民和奴才社會的問題。走投無路的順民成了流民，奴隸成了反叛者，即使成功推翻了舊的暴政，只不過上臺的是另一批暴政者而已。就如大陸國民黨推翻了清朝；清朝打敗了明朝。換湯不換藥，新瓶裝舊酒。我們不應只是推翻人的政權，這樣是沒有意義的；我們應該建立公義的政權。我們不應消滅人，而應造就人。

不過話又說回來，統治者的肉體威脅還是非常有效的，因為人人怕死，但是暴力機構由衙門壟斷。所以很多奴才強調忍。無論是誰上臺佔位，很多奴才的命運永遠是雙重的貧窮，永遠是可悲的順民社會，所以自然要忍。奴才的忍耐力也是我們無法想像的。他們可以放棄尊嚴下跪，放棄尊嚴順從，可以懦弱到撒謊，可以冷漠到犬儒，這是何等的忍耐啊！他們忍得了貪官，忍得了高房價，忍得了高稅收，忍得了低福利；他們忍得了高污染，忍得了高癌症率，忍得了低工資，忍得了惡劣的醫療、教育以及公共服務。因為他們只是差中選差，爛中選爛。面對沒有指望的人生，緊抓錢權；有了錢權，就去炫耀和放縱。因而面對人生，他們一生的大部分時光都在忍耐。

對自然的惡劣或者命運的不公等無可奈何的事情，不但要忍，還要積極改變；對於壟斷獨裁、貪官污吏、禍國殃民、敗壞風尚的事情，則不能忍。縱容邪惡的程度，與民族遭受災難的程度成比例。越是對於邪惡保持沉默，廣大民眾越是生活在困苦中。不能明明深受其害，還要樂在其中，明明貧可立錐，還要「祖上累世為官」的嘴硬。不能天天被人販賣，還忙著給人數錢。有些老百姓有時就是這樣，被當權者壓榨得皮包骨頭，還按照皇帝希望的那樣思想、生活。這種忍耐，也使得古代的官僚變得越來越肆無忌憚。所以，雙方都有責任，是一種惡性循環而且不斷強化。因而懲治貪腐運動，頗得人心，然而解決我們內心的罪，才是更加長久之道。貪腐是此生派、小愛派、無律法精神派、以及虛謊派最合理的選擇。

信仰維度的缺失，造成貪腐成為他們的意義。靠抓是抓不完的，靠殺是殺不盡的。話講回來，長久的順服、忍耐，只是讓百姓逐漸貧窮；遭遇各樣患難之後，成為赤貧，成為流民。而歷世歷代，很多朝代亡於流民。流民武裝化之後，則成了純粹的暴民，沒有規則底線，追求權錢資源，沒有博愛之心。他們跟他們的統治者一樣，失敗了死亡；成功了暴民的首領成為新一代的帝王。在這個歷史的怪圈之中，其實百姓還是那群百姓，文化還是那個文化，只不過角色不一樣而已。

二. 抹去棱角

世界是紛繁複雜的，因為人類的多樣性存在，在不同標準下，下屬必然在很多方面多要優於上峰。所以，帝國文化講究的謙虛，指的是凡事都要少講幾分，方見得分寸；對於上峰的錯誤，要當作不見，甚至附和；與上峰做十件對事，不如做一件錯事；平時不隨便發表自己的意見，要等最高指示，再表態。

低調是保命的上策，那是高升的法寶。大家要知道，比傻國家裡，什麼才是最有優勢的。特別是面對官老爺的時候，著名學者易中天也有言「不是蠢貨不能當大官」。當著巡撫的面，說自己的學問比你好多了，性功能比你強多了，腦瓜比你聰明多了，那不是找死，估計也是謀反了。在上的人，明明不懂得，要裝懂，而且還要教訓人，說「你們怎麼這個也辦不了」？在下的，要裝傻，明明什麼都看清楚了，還要賣乖，說「五千年未有之盛事」。

所以，帝國老百姓強調含蓄、謙虛、掩飾的文化基因中有很重要的一點是要拜謝專權社會的遺傳；另一方面，帝國的權力者驕傲、浪費、淫蕩也是要拜專權文明的遺傳，所謂當官就要有官腔。要知道，很多人在尊卑制度下，上位的人可以有想法，下位的人只能在肚子裡說。一層層，到了最高層，就只有一種思想了。而且，每次思想都是偉大的，空前的。

就如帝國的思想領域，永遠都有主流和權威，其實都是些官話套話。而真正的靈性之言，智慧之語，卻很少人願意聽。教育思想方面主要為了求取功名，缺乏質疑，更加擅長應試，很少接觸靈魂的教誨，律法的知識和生命的意義。就如清宮戲，唐宮戲，漢唐春秋戲，民國戲，就是沒有未來戲。因為，未來意味著變化，未來意味著權力的更迭，意味著本朝的權威改變，政體改變。

所以，藝術創作者為了文字獄的緣故，都以古說今，不能射影時事，更加不能想像未來。因為皇帝害怕改變，害怕未來，也不願意奴才思考未來，思考精神律，奴才就要匍匐在地。而小老百姓也為了子孫的榮華富貴，或者身家性命，極力要求子女謙虛、順從，沒有棱角，這樣上下太平，稀泥世界。這也就促成了黑格爾對帝國歷史的看法。

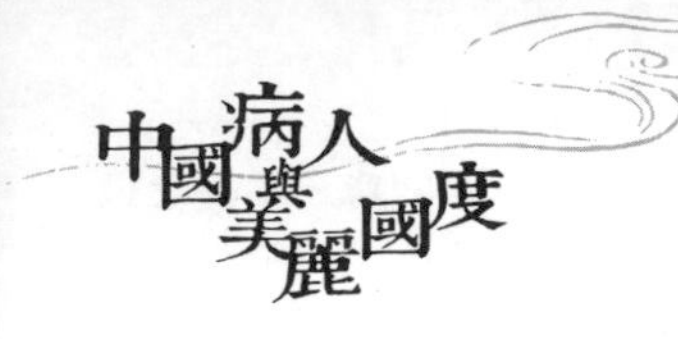

三．很多人的虛偽性

是非標準只是權力者說了算，本質上不用任何理由，下面的人也只能忍氣吞聲，默默照辦，所以古人私下的牢騷多。一方面對於主子的意思唯唯諾諾，一方面自己的興趣志向不得表露，只是人格分裂地活著，只是活在虛偽中，謊言成為生活的伴侶，不能表達自己真正的意向，當然也很難發現志同道合者（古代帝國的幫派很少有明確的政治立場，更多通過血緣、地域、門生等標準聯合，少有現代政黨的理念。宋朝的新舊變法黨爭只能算是雛形吧）。

另一方面，統治者永遠美化自己的統治，明明百姓怨聲載道，卻號稱萬方來賀；明明剝削搶奪，卻號稱辛勤為民;明明驕奢淫逸，卻號稱為公普度;明明愚民害民，卻號稱保護花朵。行剝削欺詐壓制威脅之事，卻偽裝愛民利民親民為民之假像，上至上峰下至黎民，帝國社會的典型特點就是虛偽。而體現在嘴上的，就是口是心非，滿嘴火車，充滿謊言，所謂牌坊社會。

由於皇帝永遠「正確」，下方之人不用思想，自己思考反而徒增煩惱。權力者的取向即是自己的取向，自己的本性喪失，成為無靈性的棋子。皇帝要我殺忠臣，我含淚執行；皇帝要我背叛師長，我含淚執行；皇帝要我拋家棄子，我含淚執行。權力面前，個人失去了自尊和思考，失去了人性和格調，成為一個虛偽的棋子，成為機器的一個零件。久而久之，不用思考，只要照搬，權力喜歡我就喜歡，權力討厭我就討厭。權力變更，則本人的行為取向立馬變更，以圖與主流今上保持一致，而個人自由和思想之喪失也速也，知行分裂，心口不一。心中明明知道真相實情，但是整天違心說假話，整天做自己不喜歡的事情，不僅自己要虛偽，也容不得別人的真誠。

這大概是古人一方面抱怨上頭無能、腐敗，一方面又乖巧聽話，毫無個性的奇特現象吧。而一旦下面的人掌握權力，又開始剛愎自用，唯我獨尊，頤指氣使，任憑己意而為，不顧及別人的感受，讓其他人變得唯唯諾諾，虛偽無恥——當他身份低微時，沒有人在乎他理智的意見的。這也是帝國許多做的事情不能說、說的事情不能做的真實。牌坊要立的，所以高調要唱，所謂在明明德，在親民，但是不能真正實施，不然自己的貪慾淫慾肉慾如何滿足？而實際上的貪腐淫亂，又不能公之於世，大聲宣揚。就如雞舌頭宰相李紳寫的「憫農詩」一般。

常聞勸解，小子要融入環境，因為自身力量單薄，不可逆環境而螳臂當車；環境能改變個人，而個人卻只能順從而不能改變環境。所謂順從環境，不過是順從集體墮落，順從皇帝意志，順從權錢的托詞。對於維護權威老舊體制者而言，必然強調個人要順從環境。

但是，對於銳意創新、改革解放的新生代來說，必然強調個人開啟風氣、團隊形成趨勢！追求權錢的很多人解決不了集體墮落腐敗的問題，一旦一個人成為貪官，就會極力拉旁人下水。而旁人有了貪污而不受制裁的機會，為了權錢，也會下水。當下水的人多了，也就不是罪了，因為沒人會去追究。所謂官官相護耳。到了學府，鄉紳也勸誡學子，不可做出頭鳥，凡事圓滑，無可無不可，不能太露鋒芒，不能太過好惡鮮明，不然要吃虧，特別是不能頂撞上峰，質疑權威（有權而威）。回到家中，家人交代，人心不古，世道衰頹，不可輕信他人，不可積極善事，不可做好人，不可強出頭，搞得出門到處是壞人似的。

古文集中提到過一古代男子誤入荒野之中的歪脖子村，該村村民均是歪脖子，所以看到這個男子，立即認為他是病態的，予以各種方式矯正。假以時日，男子不堪其擾，也依樣畫葫蘆，脖子歪著行立坐臥，立即得到全村人的認同和關愛眼神。

群體錯誤是可怕的，所有的罪惡都有傳染性。這恰恰是帝國內，貪戀權錢者在面對社會規則上的混亂而造成的世俗性格。當沒有絕對正確時，就要等待上峰的話語。融入環境，虛偽而活，掩蓋內心，稀泥和和，見怪不怪。

四. 爪牙與走狗

歷史上為什麼那麼多喪心病狂的走狗、窮兇極惡的爪牙？苟活而已。由於赤貧的民眾實在太多，而且民眾相互之間也主要是處於競爭的關係，加上壟斷統治者各種各樣的挑撥離間和槍打出頭鳥，民眾之間的關係之緊張，可以想見。而社會資源又都掌握在皇帝手中，因而，皇帝的賞賜成了脫貧致富的極其稀少而珍貴的途徑。

況且社會獨立力量和自由思想不能普遍傳達、社會自由組織又不能有效傳播，人們的普遍意識思想停留在原始和愚蠢的狀態，即思想上只是追求權錢，而內心只在乎家庭個人利益，對於社會他人的關愛和尊重完全無視。那麼社會主流思想又都是忠君愛國，報效大人，所以皇帝要殺誰就殺誰，成為帝國走狗光榮的使命。

而這些本是貧苦的百姓以能成為皇帝的爪牙為榮，以為皇帝欺壓老百姓為榮，也不是很奇怪的事情了。但是他們何曾知道，其實權力者以外，都是過得很悲慘的。他們努力效忠的對象，其實是造成他們貧困的罪魁禍首。而他們欺壓的對象，本質上卻是和他們同命相連。歷史上有些民眾的行為實在是喪心病狂、毫無人性可言——販賣嬰孩、走私婦女、盜賣器官、落水不救只為撈屍，變賣國寶、叛國投敵、落草為寇、禍害同胞、骨肉相殘等等，其實不僅應該責怪那些人道德底線的喪失，而是看看這個社會創造了個什麼生長的環境，是不是整個社會逼著他們走上絕路，而不是虛偽地指責他們說幹嘛不去死？而且，是什麼原因造成這個社會的墮落？不要僅僅責怪那些底層的苦難民眾，真正的罪惡的根源在於信仰的維度缺失造成的，也植根於民族代代相傳的文明中。

就如帝國的酒桌文化，不會喝酒的人，勉強自己喝多，會喝酒的人，要喝醉，這才是好同志。這種哲學引申出來就是，上峰叫你做為難的事情，你能忍受並且豁出去，做好，就是好同志；上峰叫你做喪心病狂的事情，你也要豁出去，哪怕對自己有害，你也要做，這就是好下屬。為了上峰，放棄自己的原則，這樣的秘書才是好秘書。

五．忙於攀比與世態炎涼

以權錢為人生價值的社會將帶來攀比的命運。人的價值在於與旁邊人的權錢多寡高低的比較。草民雖然不知世界大事，但是對於天朝的官員級別的差異學問深厚。因為帝國百姓的價值在於權錢，那麼在這種標準下，人跟人就只有差別、高下。

一個人的成功必然是以另一個人的失敗作為結果，屬零和博弈。但是，天朝的官民比可能是百中選一，那麼一個成功的天朝人物必然是以百個悲慘的失敗者為代價。

這樣的結果下，卻是奴隸越來越多，個性越來越少；等級越來越明顯，感情越來越淡薄；權力越來越囂張，民權越來越式微；真相越來越少，謬誤越來越多。

帝國老百姓的相互誇耀的行為，即使言過其實，也要表現出高人一等的感覺，似乎攀比成了他們生活的樂趣與人生的意義。有時因自身的能力而驕傲，為財富、權力、體力而驕傲。

這種有權有勢的人，以權勢為驕傲；有文憑學歷的人，以學歷文憑驕傲；但是，你會發現，很多人感到驕傲，並每天比來比去的東西，都對別人沒什麼意義？在比較的過程中，總是零和遊戲，總是以傷害對方或傷害自己為代價。而被人比下去的人，又會在其他方面攻擊別人，尋求自身心理的平安。就這樣，相互比來比去，背後罵來罵去，整天就是無聊到這種程度。

但這點也可以解釋人的羊群效應。諸如房子成了衡量價值標準之後，很多人對於房子就會趨之若鶩，爭相購買，因為不買就是沒面子，就是沒價值。而很多人對於奢侈品也是這樣，因為那是對於人生意義的評價，大家都會追逐，哪怕平時頓頓吃方便面，也要買；而權力，也是評價人的價值的標準，那麼有點家財的都去考學，都學拍馬屁，都去搞權術。

權錢標準下，是集體的瘋狂，從小到老。小的求功名，拼命讀書；中的求官與財色酒氣，拼命求索，放棄一切原則，無所不用其極；老的天天想著長命百歲，安心寧神。

很多人的勢利也是毫不掩飾的，世態炎涼成為主旋律。除了金字塔頂層的人享有無上的人的尊嚴，其他萬千的官民則處於身份相對的狀態，要在上下級之間轉換遊刃有餘，那麼就是功夫到家了。對上要裝孫子，對下要裝款爺，前倨後恭，陰晴榮枯應時而變，當然這種人很討人厭，但是有什麼辦法呢？整個社會的權力結構、人的社會地位呈金字塔型，但是資源分配則呈倒金字塔型。

資源的有限性，既得利益享受的位置稀少，不受監控的權力的特點，意味著權力分配的結束等同於資源分配結束；換句話說，權力更迭，則資源的重新分配必然開始。如果權力凝固，永遠血緣傳遞，那麼必然意味著下層人士向上攀爬的利益受損。這也成為帝國權力傾軋的必然性（任何資源競爭）。

另一個悲劇就是，對於喪失權力的官僚，或者退休失勢的貴族而言。不受監控的極端權力必然肆無忌憚地掠奪財富。最好的地皮，最好的房子，最美的女人等等，都攬於一身。

但是權力更迭，新的權力者吃什麼啊，難道是西北風？如果老百姓還有資源和油水，那麼前朝的官和本朝的官還會相安無事。如果老百姓成窮鬼了呢？哈哈，那就反腐倡廉搞前朝貪官。如果上方失去權力，那麼攫取的資源將會回吐，獻給新任的權力擁有者。

反之，任何一級，如果上方沒有鬆動，即使再優秀、再良德，也沒有上升的希望。如果自然死亡的方式不能實現，那麼努力上爬的新貴必然對高高在上的舊貴族進行清算，或者放冷箭，或者陷害，或者告密，利益必然重新分配；如果成功，那麼權力移位，新的統治者佔據上位；如果不成，那麼失敗者拋國棄家，亡命天涯。一言以蔽之：重新分配是極其血腥的。一戰、二戰就是德國不滿分配體系而被世界頭號強國輪番征服的劇情。

因而皇帝的權力必須是臨死才放的。如果某些高官未死已逐，很可能家族面臨不幸。昔日權臣落魄、滿門抄斬；當年笏滿床，如今蛛網雕樑。而激烈競爭中，某些失敗者的一些痕跡必將被全部抹去。而歷史的記述也是勝利者的歷史。不僅是對待官僚，我們在錢方面，對待那些落敗的富翁，難道不也是這樣嗎？

在權錢標準下，在我們上面的人只會給予我們痛苦。因為他們的價值高了，我們就不高；他們實現了人生意義，我們就沒有。是一種零和的遊戲。其實，一旦下面的人沒有了意義，那麼上面也缺少了救贖的可能。是一種負和的博弈，因為人吃人，所以誰都沒有意義。因而在上的人，要服務民眾；富有的人，要熱心公益。這樣人人都有價值，人人都有意義。

六．以罪為榮

不論是面子原因還是驕傲，一些人往往拒絕承認自身的錯誤和缺陷。如果明知錯誤而不承認的話，那是一種缺乏勇氣的虛偽面子；而不以錯為罪，沉溺其中，反以為榮，那是一種傲慢。古代的高高在上的權力者，自認為是這個體制中的正確。但是世界潮流浩浩蕩蕩。一旦錯誤的觀念成為了社會的標準，而人人以他們為標準的社會中，自然以罪為榮。在歐洲的財政危機，可以說是大眾的那種不勞而獲的生活態度造成，衙門萬歲。高舉人的尊嚴的文化革新活動（歐洲文藝復興），本無可厚非，但是一旦將人性的醜陋作為一種常態而予以認可，那麼這就不僅是人類尊嚴的認定問題，而是對於真理的不敬。因為人的缺陷一旦得到否認，墮落作為自由、人性的解放的幌子，人類還是要自食其果。

謙卑者也經常犯錯，但是區別在於，他深知自己罪惡，且不以罪為榮。而驕傲者犯罪，通常拒絕認罪，並以罪為常態，為人性的標誌，而感到自豪。用英國著名作家 C. S. Lewis 的話來說，驕傲使我們認為人依靠自我就可以完滿。人最大的錯誤在於絕對化自我。在農村的一些貧困戶，口氣非常大，經常吹噓自身的財富，雖然名不副實。上海灘形容言過其實的人為怪浪頭。很多人最熟悉不過的就是腐敗了。對皇帝而言腐敗有實際功用。上峰掌握下屬的把柄，相當於掌控住了下級，並且有了賣命的下屬，何樂而不為呢？腐敗已成氣候，你不腐敗，就不能入圈子，不能升職做官。某次在出租車上與司機聊天，其嘆息生活之艱辛無奈，我問他如何解決？他說最好有個強勢的主席出現，把貪官污吏統統掃乾淨就好了。嗚呼哀哉，小民腦子被洗如此，也無可奈何了。更令我傷懷的事情，居然一些同學，也受過正規教育，接觸過一些社會理論，居然也持有這個觀點，嗚呼哀哉！看來受過正規教育有時跟沒有受過教育在這方面毫無區別。或者說潛意識中，還殘留不少封建殘餘。貪腐的問題是人心的問題，必須根本上靠信仰維度解決。人心的問題沒解決，任何外在的制度、短期的運動，都是治標不治本。

而民族的崛起在乎不斷地優化循環。發現不足改正不足，繼續發現不足繼續改正不足，民族的延續過程就是一個不斷追求卓越、循環優化的過程，這才能自立於世界民族之林。整天諱疾忌醫，面子忽悠，對於批評刺耳的聲音極其厭惡，對於歌功頌德之聲毫無抵抗，這樣以罪為榮的地方，往往醞釀著一次又一次的失敗。對於錯誤的堅持，對於徒有其表面子的迷戀，只是固化了錯誤，導致後果更加災難性而已。所以對外叫囂日本人侵略殘忍，卻沒有意識到自己家天下任人唯親，殘害忠良的群體意識和責任，那麼像南京大屠殺這樣的屈辱，很可能會再度重演。那麼，在永生派中，堅持錯誤的概率就小；而在此生派中，堅持錯誤的概率就高。在大愛派中，堅持錯誤的概率就小；在小愛派中，堅持錯誤的概率就高。在喜愛真實的環境中，錯誤的容易彰顯；而在虛謊的環境裡，堅持錯誤的概率就高。在底線高的地方，容易糾正錯誤；在底線低的地方，人們更易喜愛犯罪。一方面是不斷優化循環，一方面是堅持錯誤到底，長此以往，有些國家將會慘不忍睹，而有些國家將會人人嚮往。

七．仇富、仇官與看不得別人好

老百姓對於巨商富賈，有時候更是一種情緒的宣洩，充滿了憎恨的心情。

一方面，帝國社會的金字塔型，必然意味著失敗者是大多數人必然的歸宿；一方面，社會等級的形成，有些人用一些卑鄙的手段，或者世襲的制度，利用裙帶關係、血緣關係、官商關係、賄賂收買等等，獲取了財富；一方面，等級的僵化，壟斷行業的固化，社會流動的減少，讓那麼每日辛苦過日子、無望改善的老百姓，以及那些貧苦的人們，對於這些來路不正的有錢人，產生了一種群體性的憎恨。

帝國除了核心區域，其他邊遠地區街道上是滿目的蒼涼，滿目的破舊衣裳和憔悴面容，路上都是愁眉苦臉。在這個環境下，你要是花枝招展，滿面春風，笑語盈盈，這個是要惹人厭的。

這種仇富的心態相伴的是一種看不得別人好的心態。這種心態使得我們潛意識中，不是主動去幫助別人，而是主動去拆人家墻角；或者如很多衙門審批部門，不是想著讓更多人儘快獲得審批，而是希望你們多花錢，多賄賂，才獲得批准，不希望別人得好的心理。

可能是我們的價值在於跟別人攀比的原因，我們很少成人之美，而是害怕別人成功，希望看到別人落水，希望看到別人失敗。如果哪家哪戶破產了，家裡有人跳樓了，大家別提多高興，茶餘飯後討論好多天，聚眾圍觀，多美開懷。而別人的成功，也只是偶然談及，不會天天唸經。看到哪個官府下臺，那是別提有多高興了，最好整個官僚機構被亂箭射死，百姓就樂開懷了。

八.危機

可能在資源豐富、經濟尚好的情況下，很多人還沒意識到自己奴隸和奴才的地位，一旦帝國遭遇困難，壓力就將沿著權力的階梯，最後由底層人士承擔。而走投無路的廣大黎民，要麼聚眾造反，或者在有外界干涉力量存在下，叛國投敵。沒有公平公正的社會，就不會有穩定；沒有道德良知的社會，就不會有關愛。這是宿命，也是結局。

因為在帝國只有一個中心，一個主流，一個系統。如果你不能混進統治階層，那麼你就等著被剝削；如果你的思想不符合安當順民，效忠上峰的原則，那麼你就等著以惑眾被剿滅；如果你不對中心表示效忠，那麼你就等著穿小鞋。

比如抗日戰爭中，大量自願的偽軍、特務，這些人往往是在我們帝國壟斷僵化的系統中的失利者。因為帝國這個奴隸之國的奴隸們，在哪裡不是過日子？好死不如賴活，還不如跟另外的皇帝，反正沒有什麼主義，沒有什麼良心，凡事都是暴力最強者說話算數。

當國家的苦難大多數壓在貧苦的百姓身上時，種田不能活，做小買賣不能活，委身為奴不能活，那麼就打家劫舍，入身草莽，而且叛國投敵還是個好出路。如果叛軍取勝，那麼自己還能提升地位。就如吳思的血酬定律中描述的，那些農民活不下了，就去當土匪。誰知世道不好，當土匪也活不下去，就佔山為農，做回老本行。

這樣，就是一群被迫害者轉變成迫害者，是悲劇的循環。有時在醫院那些貧窮而身患絕症的人，真的讓人痛心。如果勞工的工作環境好一些，就不會有那麼多悲劇。如果壟斷企業不壟斷，百姓的生活就有些改善，就不會有悲劇。如果精英能夠少去秦淮河畔，而多關注貧苦的民眾，那麼就不會有那麼多悲劇。如果帝國能夠互信分工，生產力會更加高效，就不會有那麼多悲劇。如果沒有那麼多貪污，沒有那麼多鹽鐵，沒有那麼多冷漠，沒有那麼多小愛，沒有那麼多吝嗇，太多的如果，可是道路在哪裡？改變的方法在哪裡？

但朋友們，不要只是責怪歷史中那些位高權重的人，應該重新審視每個人的信仰維度。沒有軟弱的民眾，沒有順從的下屬，就沒有驕橫的貪官；沒有縱容的父母，就沒有歧途的少年。不要只是責怪別人，這樣解決不了問題。

以前封建社會，社會精英基本上還在愛國的。即使在清末那樣的糟糕時節，仍然各種洋務運動，救國圖存。現在社會，這種普通的愛國感情已經被便捷的移民和人員交流弱化。

可以預見，未來中國如果遇到危機，將會更加困難。由於高端人口帶走了財富、技術、思想和思路，國家普通百姓的苦難將更加深重。以前至少是豐年、災年可以交替一下，如果失去了精英階層（當然不是指的貪污能手），那麼人民的困難就會更加長久。

這也是我們不得不深思的問題。中國傳統文明到了如今，已經面臨可持續發展的問題。諸子的黃昏已到，我們要尋找黎明的曙光！

第五章

諸子的黃昏

一. 正視問題，大眾苦難和悲劇的循環

帝國的改朝換代的戰爭，不管是內亂還是外敵，或者兩者兼而有之，往往伴隨著流民增多。平日的苛捐雜稅使得民眾只能糊口，一旦遇到天災人禍，疾病流行，那麼毫無出路的民眾就只有抗爭一途。那麼統治者為什麼不讓老百姓過上好日子呢？問題是老百姓過得好不好，統治階級照樣日日笙歌燕舞、醉夢人生；只要老百姓不全餓死，就算做事到位了。百姓不是我的家人，與我何干？百姓如此低賤，受苦那是應當的。

所以，帝國社會痛苦主要或者全部由底層承擔，底層百姓又以忍耐和溫順著名於世，那麼不斷的苦難就會積累。頂層的統治者天天玩女人都來不及，數錢都來不及，私生子都數不清，哪有空管這擋子閒事，而一旦有問題上報，皇帝必然極其不耐煩並憤怒，下面的官僚真是沒能力，這麼點小事都管不了，還要破壞我的清淨的生活。中層官僚要想升遷，必須要政績。要想保住烏紗，必須太平無事。這樣，為了政績，必然剝削老百姓更加嚴厲；要想太平，面對彌漫天極的苦難，就是極力掩蓋，

甚至毀屍滅跡。

而老百姓越是忍耐，痛苦越是增加。就像現在農田的殺蟲劑，由於蟲害，必須打農藥，誰知越是打農藥，蟲害越是劇烈；蟲害越是厲害，農藥量越是大。

以前老百姓要忍，只是家裡的糧食被搶了，要忍；過爾，家裡的閨女被霸占了，要忍；過爾，刀架在脖子上，要忍。但是，人必然是有血性的，「苛政猛於虎」，如若統治者逼上死路，老百姓則揭竿而起。

當年劉邦造反也是因為趕一群犯人，誤了點，想想橫豎是死，就反了；劉邦得天下，哪有傳的那麼神？只是統治階級太荒淫太無能罷了。李自成造反，只是因為在達官巨賈門口撒了一潑尿。朱德造反，只是因為自己的友人被當局所殺。正所謂星星之火可以燎原。當社會矛盾累計一定程度，或者說罪惡滿盈之後，審判就會來到！

新的統治者上臺之後，難道有所改變嗎？不會，只是舊人換新人，舊瓶換新酒而已。無論是改革還是改良，這種技術方式，都不是解決問題的方法。就像清末那些體用之分的學者認為中學為體，西學為用，認為解決生產力問題就能解決掉帝國的問題，簡直是白日做夢。很多人往往認為我們的問題在於體制原因，這樣共和換民主，計劃換市場，衙門壟斷換成自然壟斷，還是解決不了很多人的問題；有些人認為是人口問題；有些人認為我們的幅員遼闊，民族眾多。

總之，都是外界問題，體制機制，自然問題。我們的行為總是被自己的觀念所統治，英國經濟學家凱恩斯所言極是。而實際上，問題的本質在於信仰維度缺失。諸子的黃昏已經來臨。

試問，你讓古代那些有權有錢的人，放棄社會特權？他們會問為什麼要放棄？如果他們信仰物質至上家庭利益至上。反過來說，即是他們放棄了，新的上位者，或者社會上的其他民眾，如果也是唯利是圖者，他們又能夠帶給這些舊人什麼好處？即使新人上臺了，他不是你的家人親友，他為何要對你老百姓好？

所以，無論是新人舊人，都要任上撈足，管他明天怎麼辦。所以，當你信靠人，信靠制度，信靠社會，往往最終是失望以至於絕望。就如子彈無法殺死思想，信仰維度的缺失不能依靠外在事物解決。

所以，只要是官本位家天下這樣的信仰維度缺失的環境裡，目前已經是非常好的狀態了。如果信仰維度豎立的地方，目前這樣的現狀簡直可以說是恥辱。只要大多數的人權錢觀念和家庭血緣文明為核心的文化不改變，沒有公義和愛的價值，那麼我們就改變不了權錢社會的本質。

這樣張家換李家，換湯不換藥，苦難傳承了五千年，看來還要傳下去。金字塔不會因為頂端換人而會改變。因為林昭說過，「只要一個人被奴役著，其他人亦不得自由」。

沒有慈愛和憐憫、公義和博愛，永恆和真理，只能無望和沉淪。所以，什麼暴力革命，政體改良，等等都是不同的途徑，或者說是工具，但是很多人信仰維度不改變，什麼工具都是不好的。

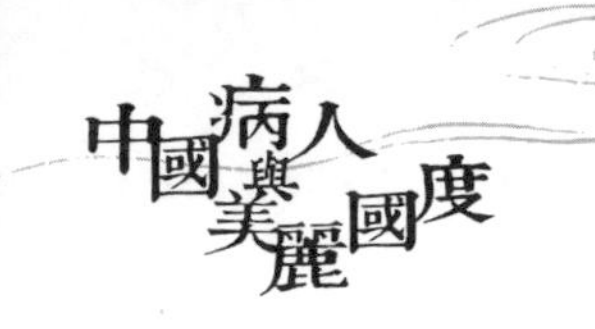

就比如，在權錢和家庭利益至上的情況下，無論是市場經濟還是計劃經濟，無論是鹽鐵官營還是私有企業，很多人都不會得到好處。貧窮社會孕育了極其強大的改善生活的動力。溫州是歷史上較為窮困之地，而溫州的許多富商卻是靠著拼搏的精神，獲得了長足的發展。但是一旦權和錢滿足之後，就往往會停滯。整個社會動力就會枯竭，因為他們追求的權錢，只是為了享受，既然功成名就，那麼就應該好好享受。據聞，溫州等地一些老闆的賭博情緒比較濃，而且攀比成風，香車寶馬，亭臺樓閣，難道不是部分很多人最高的「境界」嗎？

所以沒有信仰，讓我們貧窮，即使富有，也讓我們難以守成，更別提開拓和提升。而且制度變化，官僚的克拿卡要，各種殺猪行為，財富還是過眼雲煙，長久幸福太難，何不今朝有酒今朝醉，活在當下豈不快哉？富不過三代耳，清末首富盛宣懷和清末重臣李鴻章的孫輩齊手討飯，還有被餓死的，也算是活出了典故啊。

同胞啊，上溯先古，我們是一個老祖宗傳下來的，我們不能只圖一家一姓之幸福，而要天下為公；我們不能只圖一代之興盛，而要佈局萬世之太平。打破互害社會、吃人社會的魔咒，打破富不過三代、一人一龍三人群蟲的詛咒。讓我們的官員、專家、學者、工人、農民，所有的國民，無論何人何地，都能在陽光之下平等、博愛、自由、尊嚴，可以隨意流動，可以代際之間公平，擺脫大範圍墮落、落後、貧窮的泥沼，達到美麗國度的彼岸。而路在何方呢？

二.永生、律法、愛、真實

信仰也是有規律的。符合真理的信仰才是真正的信仰，信仰的價值在於與真理的符合程度。問題的本質在於靈魂，在於信仰。

一方面，信仰決定了行為模式，什麼可以做，什麼不可以做，這是先定的。就如 1+1=2，是公理，決定其它一切的定理和算術，繼而社會風俗法制和規則形成了。

另一方面，只有把人從權錢的枷鎖中解救出來，才能真正帶來祝福。只有高舉真理，才有人的尊嚴；只有高舉真理，才能活在律法之下；也只有永恆的生命觀，才能真正擁有跨越時空的意義，在此世界中，有所判斷，至死不渝，更加堅定了社會道德、良知的力量。也只有我們相互關愛，才能讓我們生活幸福，減少壓力，活出真我，減少人世間的仇恨。因為關愛，所以寬恕，民間才會更加和諧；也只有不斷追求真誠聖潔，懺悔罪惡，才能認清自身的罪過，保持謙卑的內心，不斷地前行進步，追求卓越。

改變自己的根本道路是認識真理，接受真理，順服真理，活出真理的期許。人的存在有幾個維度。

第一個維度是動物的維度，只看得到現實利益的東西，就看得到這個物質世界，看到權力帶來實際利益。我們姑且稱之為動物的感官世界。

第二個維度是學者的維度，即看到了這個物質世界背後的規律，這些規律不能手摸眼見，但是我們知道萬有引力、星星運轉的規律，這是看到了知識和真理的光線。

第三個是智慧的維度，即認識到信仰維度的客觀性和真理性，思考人生的價值和意義。

第四個維度是宗教的維度，即是思考這個規律的來源，這光的源頭。在這個維度上，人們才有可能認識到這個世界的創造者，即是真正的真理。

而第五個維度是真理的維度，即有幸認識真正的真理，並在真理中獲取永恆的價值和意義。真理與我們同在，神與我們同在。就是最好的詮釋和最大的幸福。

不要整天想著革命革新，要從關愛自己的身邊人開始，讓他們也一同改變，找到人生正確的價值和坐標，這才是最大的革命與革新。不要以錢為神，不要以權為神，不要以人的話為神，不要以慾望和肚腹為神，也不要以親友為神。信仰維度的建立和堅立，你會發覺美麗國度就來了。世界上最偉大的變更，都是從內心這片小天地小宇宙開始的。諸子百家，經歷時光，往往留糟粕而去精華。

中國目前到了又一個歷史的十字路口，我們中國人最需要的不是西方的科學技術，也不是美元黃金，**我們中國人最需要的是信仰啟蒙**。我們中國人最需要的是真理！要用心眼去看這個喧鬧的世界！要用靈耳去聆聽光明的聲音！

以真理為神的國是有福的。

以別神代替真理的，他們的愁苦必加增。多經苦難的國人同胞啊，無論你在廟堂之高，還是江湖之遠，各行各業、各地各方、無分老幼，讓我們追尋真理，找到那永不失落的幸福吧！

國家圖書館出版品預行編目(CIP)資料

中國病人與美麗國度 / 黃楊林著. -- 初版. -- 臺北市 : 主流出版有限公司, 2023.11
面 ; 公分. -- (中國研究系列 ; 13)
ISBN 978-626-98015-0-3(平裝)

1.CST: 中國大陸研究 2.CST: 言論集

628.7 112018478

中國研究系列 13

中國病人與美麗國度

作　　者：黃楊林
發 行 人：鄭超睿
封面設計：張淩綺

出版發行：主流出版有限公司 Lordway Publishing Co. Ltd.
出 版 部：臺北市南京東路五段 389 巷 5 弄 5 號 1 樓
電　　話：(02) 2766-5440
傳　　真：(02) 2761-3113
電子信箱：lord.way@msa.hinet.net
劃撥帳號：50027271
網　　址：www.lordway.com.tw

經　　銷：
紅螞蟻圖書有限公司
臺北市內湖區舊宗路二段 121 巷 19 號
電話：(02) 2795-3656　　傳真：(02) 2795-4100

2023 年 11月 初版1刷
書號：L2310
ISBN：978-626-98015-0-3（平裝）
Printed in Taiwan